I. Der Vertragsschluss

Offenkundigkeitsprinzip

Basics ZR
Karte 11

Der Vertreter muss seine Stellvertretung offenlegen (Offenkundigkeitsprinzip, § 164 I), da der Geschäftsgegner wissen muss, mit wem er es zu tun hat. Dabei genügt es, wenn sich das Handeln in fremdem Namen aus den Umständen ergibt, § 164 I 2.

Welche Ausnahmen gibt es vom Offenkundigkeitsprinzip?

1. Das verdeckte Geschäft für den, den es angeht: Hierbei handelt es sich um *Bargeschäfte des täglichen Lebens*, bei denen es dem Vertragspartner nicht darauf ankommt, mit wem er einen Vertrag schließt, weil der Vertrag sofort erfüllt wird und er direkt zu seinem Geld kommt (z.B. Kauf eines Brotes beim Bäcker) (vgl. H/W, BGB AT I, Rn. 219).

2. § 1357: Bei Vorliegen der Voraussetzungen dieser Norm wird der *nicht handelnde Ehegatte auch dann aus dem Rechtsgeschäft berechtigt und verpflichtet*, wenn der handelnde Ehegatte nur im eigenen Namen tätig geworden ist (Ausnahme: § 1357 I 2 a.E.) (vgl. H/W, BGB AT I, Rn. 225).

Beachten Sie: Keine Ausnahme vom Offenkundigkeitsprinzip sind die sog. unternehmensbezogenen Geschäfte: Der Ladenangestellte will aus den Geschäften, die er im Laden abwickelt, nicht selbst verpflichtet werden. Vertragspartner soll der *jeweilige Geschäftsinhaber* werden, auch wenn dies nicht ausdrücklich gesagt wird (§§ 133, 157) (vgl. H/W, BGB AT I, Rn. 229), so ist dies doch aus den Umständen erkennbar, § 164 I S.2 BGB, was zur Wahrung des Offenkundigkeitsprinzips ausreicht. .

> Beim Geschäft für den, den es angeht, handelt es sich um eine teleologische Reduktion des § 164. Seine Bedeutung hat es vor allem im Sachenrecht, da es einen Direkterwerb des Hintermanns ermöglicht. Allerdings ist für den Erwerb des Hintermannes noch ein Besitzerwerb erforderlich, wobei die Erlangung mittelbaren Besitzes ausreichend ist. Sofern der Vertreter also dem Hintermann den Besitz mittelt, wird Letzterer unmittelbar Eigentümer.
>
> Bei § 1357 handelt es sich um einen Fall der gesetzlichen Verpflichtungsermächtigung. Die Vorschrift ging in ihrer alten Fassung von dem Leitbild der Hausfrauenehe aus. Seit ihrer Neufassung handelt es sich um eine (verfassungsrechtlich bedenkliche) Gläubigerschutzvorschrift. Deshalb: restriktiv auslegen! § 1357 hat insbesondere keine dingliche Wirkung, da dies dem Grundgedanken der Zugewinngemeinschaft (vgl. § 1363 II 1) widersprechen würde.

I. Der Vertragsschluss

Verpflichtungsermächtigung

Basics ZR
Karte 12

Im Stellvertretungsrecht ist die Figur der sog. Verpflichtungsermächtigung zu beachten. Danach soll der Hintermann durch ein Rechtsgeschäft unmittelbar berechtigt und verpflichtet werden, obwohl der Vordermann in eigenem Namen aufgetreten ist.

Ist die Figur der Verpflichtungsermächtigung rechtlich zulässig? Begründen Sie Ihre Ansicht.

Das Institut der **Verpflichtungsermächtigung ist vom Gesetz nicht vorgesehen** und wird nach ganz allgemeiner Auffassung als **unzulässig** abgelehnt:

- Das der Stellvertretung zugrunde liegende *Prinzip der Offenkundigkeit* wäre bedeutungslos, wenn trotz Handelns im eigenen Namen Fremdwirkung eintreten könnte.

Darüber hinaus besteht für die Verpflichtungsermächtigung auch *kein Bedürfnis*: will der Hintermann nicht in Erscheinung treten, können sich die Parteien immer noch des *Instituts der mittelbaren Stellvertretung* bedienen, bei dem der „Vertreter" im eigenen Namen, aber im Interesse und für Rechnung eines anderen, des Geschäftsherrn, handelt.

Der Begriff „mittelbare Stellvertretung" ist terminologisch unglücklich, da es sich gerade nicht um eine Stellvertretung i.S.d. §§ 164 ff. handelt. Der Auftretende wird selbst Vertragspartner und ist nur im Innenverhältnis verpflichtet, die erworbenen Rechte an den Geschäftsherrn weiterzuleiten (meistens liegt hier ein Auftragsverhältnis vor, Anspruchsgrundlage auf Herausgabe ist dann § 667 BGB!) (vgl. H/W, BGB AT I, Rn. 184).

Zurück zur Verpflichtungsermächtigung: Eine solche kennt das BGB sehr wohl: § 1357. Allerdings handelt es sich hier um eine gesetzlich angeordnete Verpflichtungsermächtigung. Unzulässig ist eben nur die gewillkürte (vgl. H/W, BGB AT I, Rn. 225 ff.).

I. Der Vertragsschluss

Vollmacht, § 167

Basics ZR
Karte 13

Mit dem Begriff der Vollmacht bezeichnet man lediglich die Befugnis, den Vertretenen im Außenverhältnis gegenüber Dritten wirksam zu berechtigen und zu verpflichten. Das Vorliegen einer Vollmacht sagt aber nichts darüber aus, warum der Vertreter für den Vertretenen tätig wird.

Was versteht man unter Abstraktheit der Vollmacht?

Abstraktheit der Vollmacht bedeutet, dass stets zwischen der Vollmacht und dem ihr zugrunde liegenden Rechtsgeschäft zu unterscheiden ist.

- Die *Vollmachtserteilung* kann wirksam sein, obwohl das zugrunde liegende Rechtsgeschäft nicht zustande gekommen ist. Möglich ist in dieser Konstellation aber auch Fehleridentität oder das Vorliegen eines einheitlichen Geschäftes i.S.d. § 139.
- Dagegen ordnet *§ 168* bzgl. des *Erlöschens eine gewisse Akzessorietät* an. Relevant wird die Vorschrift häufig im Zusammenhang mit den §§ 672, 673. Darüber hinaus folgt aus dem Abstraktionsprinzip auch, dass der Vertretene selbst dann gebunden wird, wenn der Vertreter seine Befugnisse aus dem Innenverhältnis überschreitet (vgl. H/W, BGB AT I, Rn. 239 f.).

Wie das sachenrechtliche Abstraktionsprinzip lässt sich auch der Unterschied zwischen dem Grundgeschäft und der abstrakten Vollmacht sehr gut am Beispiel des Minderjährigenrechts veranschaulichen. Die Wirksamkeit des zugrunde liegenden Rechtsgeschäfts, häufig ein Auftrag, scheitert aufgrund der Verpflichtungen des Minderjährigen an den §§ 107 ff. Die Erteilung der Vollmacht ist dagegen lediglich rechtlich vorteilhaft (vgl. auch §§ 131 II 2 und 179 III) und damit unabhängig vom Grundgeschäft wirksam. § 165 besagt somit an sich nur eine Selbstverständlichkeit, denn die Rechtsfolgen bei der Stellvertretung treffen ja nicht den Minderjährigen, sondern den Vertretenen.

I. Der Vertragsschluss

Duldungs- und Anscheinsvollmacht

Basics ZR
Karte 14

> Einen Sonderfall im Vertretungsrecht stellen Duldungs- und Anscheinsvollmacht dar. Liegen deren tatbestandliche Voraussetzungen vor, so ist nach h.M. in beiden Fällen von einer wirksamen Bindung des „Vertretenen" auszugehen.

Von einer Duldungsvollmacht spricht man, wenn der Vertretene weiß, dass jemand ohne Bevollmächtigung für ihn handelt, aber nichts dagegen unternimmt.

Von einer Anscheinsvollmacht spricht man, wenn der Vertretene zwar nicht weiß, aber zumindest hätte erkennen können, dass jemand ohne Bevollmächtigung handelt, und der Vertragspartner aufgrund eines mehrmaligen Auftretens auf die Erteilung einer Vollmacht vertraut.

Besteht im Rahmen einer Duldungs- und Anscheinsvollmacht die Möglichkeit einer Anfechtung?

Juristisches Repetitorium
examenstypisch • anspruchsvoll • umfassend **hemmer**

Ob man eine Anfechtung zulässt, hängt primär davon ab, ob man Duldungs- und Anscheinsvollmacht als **Rechtsscheintatbestände** auffasst oder nicht.

Solche sind nämlich einer *Anfechtung grundsätzlich nicht zugänglich*, da ansonsten der Verkehrsschutz, den sie gewährleisten sollen, wieder zunichte gemacht würde.

- Jedenfalls bei der **Anscheinsvollmacht** handelt es sich nach ganz h.M. um einen solchen *Rechtsscheintatbestand*. Die Möglichkeit einer Anfechtung wird daher verneint.
- Die Duldungsvollmacht muss abgegrenzt werden von der konkludent erteilten Vollmacht. Im Letzteren Fall liegt eine Willenserklärung vor, die unproblematisch anfechtbar ist. Die Abgrenzung muss danach vorgenommen werden, ob der Vertretene irgendwie aktiv sein Einverständnis erklärt oder bloß das Handeln hinnimmt. Schweigen ist keine Willenserklärung! Dann handelt es sich um einen Rechtsscheinstatbestand (**Duldungsvollmacht**) wie bei der Anscheinsvollmacht (vgl. H/W, BGB AT I, Rn. 248).

> Beachten Sie, dass die Bindung des „Vertretenen" bei der Anscheinsvollmacht nicht unumstritten ist. In der Literatur wird hier z.T. auch nur eine Schadensersatzpflicht aus §§ 280 I, 311 II, 241 II angenommen, da Verschulden und Willenserklärung zwei verschiedene Kategorien seien. Folgen Sie dieser Auffassung, stellt sich die Frage einer Anfechtung erst gar nicht.

I. Der Vertragsschluss
Stellvertretung

Basics ZR
Karte 15

Ist der Vertreter noch nicht aktiv geworden, kann der Vollmachtgeber die Vollmacht unproblematisch widerrufen, § 168 S.2.

Kann auch eine bereits betätigte Innenvollmacht angefochten werden?

Wenn ja, unter welchen Voraussetzungen?

Nach h.M. ist eine Anfechtung auch in dieser Konstellation möglich. Das Problem bei der Anfechtung der betätigten Innenvollmacht besteht darin, dass mit der Anfechtung der Vollmacht zugleich ein *Angriff auf das abgeschlossene Rechtsgeschäft* verbunden ist.

- Der Vertreter wird rückwirkend (§ 142 I) zum *falsus procurator,* wodurch er dem Vertragspartner nach § 179 II schadensersatzpflichtig wird. Zwar hat auch er gegenüber dem Vertretenen einen Schadensersatzanspruch aus § 122, aber diese Anspruchskette kann problematisch werden, wenn einer der Beteiligten insolvent wird.
- Die h.M. lässt daher eine Anfechtung der betätigten Innenvollmacht nur dann zu, wenn sie (abweichend vom § 143 III*) auch dem Vertragspartner gegenüber erklärt* wird. Zudem wird die Vorschrift des § 179 teleologisch reduziert: der „unschuldige" Vertreter wird aus der Haftung herausgehalten, dafür haftet der Vertretene dem Vertragspartner direkt aus § 122 (vgl. H/W, BGB AT I, Rn. 265 ff.).

> Diskutiert wird in diesem Bereich auch, ob nicht Willensmängel bei der Vollmachtserteilung auf das Vertretergeschäft durchschlagen können. Mit der Regelung des § 166 ist diese Auffassung allerdings nicht zu vereinbaren.

I. Der Vertragsschluss
Missbrauch der Vertretungsmacht

Basics ZR
Karte 16

Überschreitet der Vertreter im Außenverhältnis seine Vertretungsmacht (falsus procurator), so wird der Vertretene durch das abgeschlossene Rechtsgeschäft des Vertreters nicht gebunden; es gelten die §§ 177 ff. Ein Fall des Missbrauchs der Vertretungsmacht liegt dagegen vor, wenn sich der Vertreter im Außenverhältnis im Rahmen der Vertretungsmacht hält, aber im Innenverhältnis die Grenzen des rechtlichen Dürfens überschreitet. Hier wird der Vertretene grundsätzlich gebunden; das Risiko des Missbrauchs trägt der Vertretene.

In welchen zwei Fällen des Missbrauchs der Vertretungsmacht wird der Vertretene nicht verpflichtet?

Juristisches Repetitorium
examenstypisch • anspruchsvoll • umfassend **hemmer**

1. Kollusion: Hier wirken *Vertreter und Vertragspartner bewusst zum Nachteil des Vertretenen zusammen*. Ein solches Verhalten verstößt gegen die guten Sitten. Der Vertrag ist dann unwirksam gem. § 138 I BGB. In diesem Fall genießt der Vertragspartner aufgrund seines Zusammenwirkens mit dem Vertreter auch keinen Schutz.

2. Evidenz: Evidenter Missbrauch liegt vor, wenn der *Vertreter in ersichtlich verdächtiger Weise von seiner Vertretungsmacht Gebrauch macht, so dass beim Vertragspartner Zweifel entstehen mussten* (vgl. H/W, BGB AT I, Rn. 285 ff.).

Auch in diesem Fall ist der Vertragspartner in seinem Vertrauen auf die Wirksamkeit des Vertrages nicht schutzwürdig.

Der BGH gewährt dem Vertretenen in dieser Situation eine Einrede aus § 242 BGB, mit der er sich gegen die Inanspruchnahme aus dem Vertrag verteidigen kann.

Statt des Einwands aus § 242 wird in der Literatur auch eine analoge Anwendung der §§ 177 ff. diskutiert, so dass der Vertretene die Möglichkeit der Genehmigung hat (vgl. H/W, BGB AT I, Rn. 288). Wie auch immer: die Nichtigkeit wäre hier nicht die passende Rechtsfolge, da der Vertrag ja nicht zwingend zum Nachteil des Vertretenen ausfallen muss.

> Grundsätzlich gilt: Der Vertretene wird bei Missbrauch der Vertretungsmacht gebunden, es sei denn, Evidenz oder Kollusion liegen vor. In diesen Fällen verdient der Vertragspartner keinen Schutz. Bei der gesetzlich unbeschränkten Vertretungsmacht (z.B. Prokura, vgl. § 50 I HGB) hat der Vertretene den Einwand aus § 242 nur, wenn der Vertreter bewusst zu seinem Nachteil gehandelt und der Vertragspartner dies in fahrlässiger Weise verkannt hat. Vorsätzliches Handeln ist dagegen nicht erforderlich, wenn der Umfang der Vertretungsmacht rechtsgeschäftlich bestimmt ist.

I. Der Vertragsschluss

Allgemeine Geschäftsbedingungen, §§ 305 ff.

Basics ZR
Karte 17

> Das BGB geht grundsätzlich vom Kräftegleichgewicht zwischen den Parteien aus. Tatsächlich ist der Einzelne aber heute kaum noch in der Lage, in allen Bereichen die Vertragsbedingungen mitzubestimmen. Gerade bei formularmäßig verfassten Verträgen ist die Gefahr besonders groß, dass etwas ungelesen oder leichtfertig unterschrieben wird. Hier sollen die §§ 305 ff. (ehemals im AGBG geregelt) Schutz bieten.

Nennen Sie die Voraussetzungen für die vertragliche Einbeziehung von AGBen!

1. Vorliegen von AGBen, § 305 I

2. Ein deutlicher **Hinweis** des Verwenders auf seine AGBen, § 305 II Nr.1.

3. Die **Möglichkeit** für die andere Partei, vom Inhalt der AGBen **Kenntnis** zu nehmen, § 305 II Nr.2.

4. Einverständnis der anderen Partei, § 305 II a.E., wofür es allerdings genügt, wenn nach dem Hinweis des Klauselverwenders kein Widerspruch erfolgt (vgl. H/W, BGB AT I, Rn. 320 ff.).

Beachten Sie zur Einbeziehung von AGBen noch Folgendes: Zwar erklärt § 310 I 1 den § 305 II und III gegenüber Kaufleuten wegen derer geringeren Schutzbedürftigkeit nicht für anwendbar. Dies bedeutet aber nicht, dass die AGBen dann gleichsam durch ihre bloße Existenz Vertragsbestandteil werden. Vielmehr bleiben die allgemeinen Regeln, d.h. die §§ 130 ff., 145 ff., 157 anwendbar, es sind aber wesentlich geringere Anforderungen zu stellen. Insbesondere kann schon ein entsprechender Handelsbrauch genügen, § 305 I 2 a.E. (also auch stillschweigend!), so dass die AGBen über § 346 HGB Vertragsinhalt werden.

Denken Sie im Zusammenhang mit den AGBen immer auch an das Verbot der geltungserhaltenden Reduktion, welches besagt, dass unzulässige Klauseln nicht mit ihrem gerade noch zulässigen Inhalt aufrechterhalten werden dürfen. Der Klauselverwender ginge sonst nämlich gar kein Risiko ein. Die Inhaltskontrolle nach den §§ 307 - 309 hätte keinerlei Sanktionscharakter mehr (zu den Rechtsfolgen fehlerhafter AGB, vgl. H/W, BGB AT I, Rn. 355 ff.).

II. Rechtshindernde Einwendungen

§§ 117, 125

Basics ZR
Karte 18

> Neben dem Vorliegen bestimmter positiver Voraussetzungen wie Abgabe und Zugang, wirksamer Stellvertretung u.Ä. ist für einen wirksamen Vertragsschluss außerdem notwendig, dass bestimmte rechtshindernde Tatbestandsmerkmale nicht vorliegen.

A verkauft B sein Grundstück für 500.000 Euro. Um Steuern zu sparen, geben sie beim Notar jedoch einvernehmlich nur einen Kaufpreis von 300.000 Euro an. Kann B von A Auflassung verlangen?

Juristisches Repetitorium
examenstypisch • anspruchsvoll • umfassend **hemmer**

B könnte von A Auflassung aus § 433 I verlangen, wenn zwischen ihnen ein *wirksamer Kaufvertrag* zustande gekommen wäre.

- In Betracht käme hierbei ein *Kaufvertrag über 300.000 Euro*. Zwischen A und B war jedoch ausgemacht, dass es sich hierbei nur um eine Scheinerklärung für den Notar handeln sollte (Ersparnis von Grunderwerbssteuer, die prozentual am Kaufpreis bemessen wird). Sie wollten einen Vertrag über 300.000 Euro nicht wirklich zustande bringen. **Der Vertrag ist somit gemäß § 117 I nichtig.**
- Es könnte **gemäß § 117 II** jedoch ein *Kaufvertrag über 500.000 Euro* zustande gekommen sein. Diesen wollten auch beide Parteien tatsächlich abschließen, er wurde jedoch nicht notariell beurkundet.

    Da **§ 311b I 1** für die Wirksamkeit eines Kaufvertrages über ein Grundstück jedoch die **notarielle Form** zwingend vorsieht, ist auch dieser Kaufvertrag nach **§ 125 S.1 nichtig.**

B kann von A somit nicht die Auflassung verlangen.

Gemäß § 311b I 2 wird die Formunwirksamkeit des Kaufvertrages jedoch dann geheilt, wenn Auflassung und Eintragung in das Grundbuch erfolgt sind. Der Vertrag ist dann voll wirksam. Eine ähnliche Heilungsvorschrift findet sich auch in § 518 II für die Schenkung.

Zahlt der Käufer, um die Heilung herbeizuführen und scheitert dann die Umschreibung des Eigentums, kann er den Kaufpreis über § 812 I S.2 Alt.2 BGB zurückverlangen. Der verfolgte Zwecke (=Heilung) wurde verfehlt.

II. Rechtshindernde Einwendungen
§§ 134, 138

Basics ZR
Karte 19

> Nach §§ 134, 138 BGB ist eine Willenserklärung auch dann nichtig, wenn sie gegen ein gesetzliches Verbot oder die guten Sitten verstößt.

Ehemann M will seine reiche Frau F umbringen lassen, um mit seiner Geliebten G ein neues Leben beginnen zu können. Zu diesem Zweck heuert er den Berufskiller K an.
1. **Nach getaner Arbeit fordert dieser den vereinbarten Lohn von 100.000 Euro.**
2. **Diesmal fordert K einen Vorschuss, mit dem er sich sein neues Auto finanziert. Die Ausführung der Tat unterlässt er. M fordert sein Geld zurück.**

Juristisches Repetitorium
examenstypisch • anspruchsvoll • umfassend **hemmer**

1. K könnte von M die versprochene Geldsumme fordern, wenn zwischen ihnen ein *wirksamer Vertrag* zustande gekommen wäre. Nach § 134 ist jedoch ein Rechtsgeschäft nichtig, das gegen ein gesetzliches Verbot verstößt. Gesetzliche Verbote können sich dabei aus *zahlreichen Gesetzen* ergeben, insbesondere auch aus dem *StGB*. Das Verbot, Menschen zu töten, §§ 211 ff. StGB, hat über § 134 Auswirkungen ins Zivilrecht. **Der diesbezügliche Vertrag ist nichtig. K kann von M kein Geld fordern.**

2. Auch hier ist zwischen K und M **kein wirksamer Vertrag** zustande gekommen, § 134. K könnte daher seinen Vorschuss über § 812 I 1, 1.Alt zurückfordern, da er ohne Rechtsgrund geleistet wurde. Da sowohl K als auch M als Anstifter gegen das StGB verstoßen haben, **ist die Rückforderung des Geldes jedoch gem. § 817 S.2 ausgeschlossen**. Obwohl K seinen Auftrag nicht ausgeführt hat, kann M das Geld nicht zurückfordern.

Achtung: in manchen Fällen schränkt der BGH § 817 S.2 BGB wieder über § 242 BGB ein. Insbesondere in den Schwarzarbeiterfällen müssen Sie daran denken: Schwarzarbeiter leistet, Auftraggeber verweigert die Zahlung. Hier wären nach dem oben Gesagten die Ansprüche aus §§ 812, 817 S.1 BGB eigentlich gem. § 817 S.2 BGB ausgeschlossen. Nach BGH würde dann aber der Schwarzarbeiter das Vorleistungsrisiko tragen, die Unwirksamkeit des Vertrages ginge allein zu seinen Lasten. Daher: Einschränkung über § 242 BGB.

> **Einen weiteren klausurrelevanten Nichtigkeitsgrund bildet § 138. Hier ist insbesondere Absatz 1 von Bedeutung, da der Wuchertatbestand (Absatz 2) aufgrund seiner engen Voraussetzungen nur selten eingreift. Die Sittenwidrigkeit kann sich gegen einen Geschäftspartner, einen Dritten oder die Allgemeinheit richten. Wichtigste Problemkreise bilden dabei Kreditverträge mit überhöhten Zinsen oder Bürgschaften von Familienangehörigen.**

III. Rechtsvernichtende Einwendungen

Anfechtbarkeit rechtlich relevanten Schweigens

Basics ZR
Karte 20

> Schweigen hat grundsätzlich keinen Erklärungsinhalt und ist daher als „rechtliches nullum" unbeachtlich. In Einzelfällen ordnet das Gesetz allerdings eine Erklärungswirkung an, vgl. z.B. § 108 II 2 oder § 416 I 2.

Was gilt hinsichtlich der Anfechtbarkeit von Schweigen, sofern diesem ausnahmsweise eine rechtliche Bedeutung zukommt?

1. Ausgeschlossen ist die Anfechtung jedenfalls, sofern sich der Irrtum auf die rechtliche Bedeutung des Schweigens bezieht. Insofern liegt ein **unbeachtlicher Rechtsfolgenirrtum** vor.

2. Betrifft der Irrtum dagegen den Inhalt des Rechtsgeschäftes, ist zu unterscheiden:

- Sofern dem Schweigen die **Bedeutung eines „Ja"** zukommt, wie dies in §§ 416 I 2, 516 II 2 der Fall ist, *kommt Anfechtung in Betracht,* da nicht einzusehen ist, warum der Irrende an ein zustimmendes Schweigen gebunden sein soll, wenn ein ausdrückliches „Ja" anfechtbar wäre.

- **Bedeutet das Schweigen dagegen ein „Nein"** (z.B. §§ 108 II 2, 177 II 2, 415 II 2), ist eine *Anfechtung nicht möglich,* da ein angefochtenes „Nein" noch kein „Ja" bedeutet und ein daraufhin erklärtes „Ja" wegen Fristablauf in den hier genannten Fällen zu spät käme (vgl. H/W, BGB AT III, Rn. 534).

Beachten Sie: § 151 stellt keinen Fall des gesetzlich relevanten Schweigens dar, da nicht auf die Abgabe der WE, sondern nur auf deren Zugang verzichtet wird. Die Vorschriften über die Anfechtung sind unmittelbar anwendbar (vgl. H/W, BGB AT I, Rn. 140).

Einen Sonderfall schließlich stellt das Schweigen auf ein kaufmännisches Bestätigungsschreiben (KBS) dar. Bei Schweigen des Empfängers auf ein KBS gilt der Vertrag mit dem Inhalt als abgeschlossen, den das KBS angibt. Auch wenn der Irrtum des Schweigenden den Inhalt des Rechtsgeschäfts betrifft, lässt die wohl h.M. eine Anfechtung nur dann zu, wenn dieser Irrtum schuldlos war, also nicht durch „unsorgfältiges Überfliegen" des KBS entstanden ist.

III. Rechtsvernichtende Einwendungen

Anfechtungsgründe

Basics ZR
Karte 21

Die Anfechtung ist ein rechtsvernichtendes Gestaltungsrecht, durch dessen Ausübung sich der Erklärende von einer mit Willensmängeln behafteten Erklärung lösen kann. Aus Gründen des Verkehrsschutzes können aber nicht alle Irrtümer zu einer Anfechtung berechtigen.

Welche Anfechtungsgründe sieht das Gesetz im BGB AT vor?

Die Anfechtungsgründe im BGB sind:

1. § 119 I, Inhalts- oder Erklärungsirrtum:

Gemeinsam ist beiden Irrtümern, dass *Erklärtes und Gewolltes auseinander fallen.* Die Abgrenzung ist im Einzelfall schwierig, kann wegen der identischen Rechtsfolge aber auch häufig dahinstehen.

2. § 119 II, Eigenschaftsirrtum:

Erklärung und Wille stimmen überein. Der Irrtum betrifft vielmehr die *Willensbildung.* Der Eigenschaftsirrtum ist ein *ausnahmsweise beachtlicher Motivirrtum.*

3. § 120, falsche Übermittlung:

Nur die *unbewusste* Falschübermittlung durch den Boten wird von § 120 erfasst. Bei vorsätzlicher Falschübermittlung gelten die §§ 177 ff. analog, vgl. Palandt, § 120, Rn.4.

4. § 123, arglistige Täuschung oder Drohung:

Der Willensmangel ist hier *vom Erklärungsempfänger bewusst veranlasst,* daher auch die Sonderregelung des § 124 I (vgl. H/W, BGB AT III, Rn. 436 ff.).

Die Anfechtung steht im Spannungsverhältnis zwischen Verwirklichung des tatsächlichen Willens des Erklärenden und dem schutzwürdigen Vertrauen des Erklärungsempfängers. Letzterem wird dreifach Rechnung getragen:

- durch die abschließende Normierung der Anfechtungsgründe, §§ 119 I; II, 120, 123
- durch die kurz bemessene Anfechtungsfrist, § 121 I
- durch die Schadensersatzpflicht nach § 122

Die Anfechtung beseitigt die WE mit Wirkung ex tunc, § 142 I BGB. Rechtsfolge ist, dass eine Rückabwicklung über das Bereicherungsrecht stattzufinden hat. Bei der Frage der Haftung kann im Rahmen des § 819 I die Vorschrift des § 142 II relevant werden.

III. Rechtsvernichtende Einwendungen

§ 119

Basics ZR
Karte 22

> Unter einem Irrtum versteht man das unbewusste Auseinanderfallen von Wille und Erklärung. Im Zeitpunkt der Abgabe der Willenserklärung fallen also das objektiv Erklärte und das subjektiv Gewollte unbewusst auseinander.

1. **A ist das erste Mal in Köln. Zur Mittagszeit begibt er sich in eine Gaststätte und bestellt einen „Halven Hahn", worunter er sich eine halbes Brathähnchen vorstellt. Als ihm die Bedienung ein Käsebrötchen bringt, möchte er sich vom Vertrag lösen.**
2. **A will seinen Porsche für 50.000 Euro verkaufen. In dem Brief an seinen Geschäftspartner B vergisst er jedoch eine Null und gibt einen Verkaufspreis von 5.000 Euro an.**

Juristisches Repetitorium
examenstypisch · anspruchsvoll · umfassend **hemmer**

1. A hat eine Bestellung über einen „Halven Hahn" abgegeben, worunter man in Köln ein Käsebrötchen versteht. Da seine Erklärung nach dem *objektiven Empfängerhorizont* somit als Bestellung eines Käsebrötchens zu verstehen war, ist ein diesbezüglicher Vertrag zustande gekommen. Fraglich ist jedoch, ob er diesen Vertrag anfechten kann. In Betracht käme hierbei eine Anfechtung wegen eines Inhaltsirrtums nach § 119 I, 1.Alt. A hat die Bestellung eines Käsebrötchens erklärt, wollte aber ein gebratenes Hähnchen haben. Objektiv Erklärtes und subjektiv Gewolltes fallen auseinander. **A hat sich über den Inhalt seiner Erklärung geirrt und kann daher nach § 119 I, 1.Alt. anfechten.**

2. Vom *objektiven Empfängerhorizont* ist die Erklärung des A als Verkaufsangebot über 5.000 Euro zu verstehen, so dass der Vertrag mit diesem Inhalt zustande gekommen ist (a.A. wegen der groben Diskrepanz vertretbar). Hier irrt sich A nicht über die Bedeutung eines gewählten Erklärungszeichens (Inhaltsirrtum), sondern gewolltes und gewähltes Erklärungszeichen fallen auseinander (Erklärungsirrtum). **A kann somit nach § 119 I, 2.Alt. anfechten.**

Beachten muss A dabei jeweils die Anfechtungsfrist des § 121 und vor allem die Schadensersatzpflicht des § 122. Es ist somit genau zu prüfen, ob die Anfechtung tatsächlich vorteilhaft ist.

III. Rechtsvernichtende Einwendungen

Basics ZR

§ 123

Karte 23

> Klausurrelevante Probleme stellen sich auch im Rahmen des § 123 bei der Anfechtung wegen Drohung oder arglistiger Täuschung.

1. A will bei Gebrauchtwagenhändler G ein Auto kaufen. Beim Vertragsschluss täuscht ihn dessen Stellvertreter S arglistig über den Kilometerstand des Wagens. A will sich vom Vertrag lösen.
2. Wie 1., nur diesmal bewegt der S den G durch Drohung zum Kauf.

Juristisches Repetitorium
examenstypisch • anspruchsvoll • umfassend **hemmer**

1. Zwischen A und G ist, unter Mitwirkung des Stellvertreters S gemäß § 164 I, ein wirksamer Kaufvertrag zustande gekommen. Fraglich ist jedoch, ob A diesen aufgrund der *arglistigen Täuschung anfechten* kann.

Gemäß § 123 I bildet die arglistige Täuschung grundsätzlich einen Anfechtungsgrund. Eingeschränkt wird dieser jedoch über § 123 II. Danach kann im Falle der Täuschung durch einen Dritten nur dann angefochten werden, wenn derjenige, gegenüber dem die Erklärung abzugeben war, im Fall also G, die Täuschung kannte oder kennen musste. Dafür enthält der Sachverhalt jedoch keine Anhaltspunkte. Fraglich ist daher, ob S Dritter i.S.d. § 123 II war. Nach h.M. ist *Dritter nur der am Geschäft Unbeteiligte. Kein Dritter ist, wer auf Seiten des Erklärungsgegners steht und maßgeblich am Vertragsschluss mitgewirkt hat.* Mit anderen Worten: *Nicht-Dritter ist, wer im „Lager" des Erklärungsgegners steht.*

Ein Stellvertreter ist somit niemals Dritter i.S.d. § 123 II, weil er immer auf Seiten des Vertretenen steht. Eine Anfechtung ist ohne die Einschränkung des § 123 II möglich. **A kann sich vom Vertrag lösen.**

2. Auch hier wurde die Drohung nicht vom Erklärungsgegner, sondern von einer dritten Person verübt. Hier kommt es jedoch auf eine Prüfung des § 123 II nicht an, da dieser nur für die arglistige Täuschung gilt. Im Falle des Vertragsschlusses aufgrund einer *Drohung* ist somit *unerheblich von wem diese Drohung ausgeht.* **A kann auch hier anfechten.**

Beachten Sie, dass § 123 II auch für den Fall der arglistigen Täuschung nur für empfangsbedürftige Willenserklärungen gilt. Nicht empfangsbedürftige Willenserklärungen sind somit immer anfechtbar unabhängig davon, wer die Täuschung verübt hat.

Merken Sie sich auch, dass für die Anfechtung nach § 123 eine gesonderte Anfechtungsfrist gilt, § 124. Zudem tritt keine Schadensersatzpflicht nach § 122 ein.

IV. Leistungsstörungen
Formen der Unmöglichkeit

Basics ZR
Karte 24

Die Rechtslage vor der Schuldrechtsreform war gekennzeichnet durch ein unnötig kompliziertes System, wobei die Abgrenzung der einzelnen Arten der Unmöglichkeit schwierig war. Insbesondere der Fall des gesetzlich nicht geregelten anfänglichen Unvermögens hat in Literatur und Rspr. einen heftigen Meinungsstreit ausgelöst. Auch die Regelung der anfänglichen objektiven Unmöglichkeit §§ 306, 307 a.F. muss aus heutiger Betrachtung als missglückt angesehen werden.

Die Unmöglichkeit der Leistung stellt nach neuer Rechtslage *eine* Art der Pflichtverletzung i.S.d. § 280 I 1 dar.

Welche Arten der Unmöglichkeit sind im Rahmen des § 275 BGB nun zu unterscheiden und wie grenzen Sie diese voneinander ab?

1. So genannte „wirkliche" Unmöglichkeit, § 275 I:

§ 275 I erfasst jetzt alle denkbaren Formen der tatsächlichen Unmöglichkeit:

- Anfängliche objektive Unmöglichkeit
- Anfängliche subjektive Unmöglichkeit
- Nachträgliche objektive und subjektive Unmöglichkeit

Rechtsfolge: Der Schuldner wird ipso iure von der Leistungspflicht befreit (impossibilium nulla est obligatio; *Einwendung*).

2. So genannte faktische und moralische Unmöglichkeit, § 275 II und III:

(Ring auf dem Meeresgrund/Sängerin will nicht auftreten, weil ihr Kind einen Unfall hat). Diese uneigentliche Unmöglichkeit ist separat zu § 275 I geregelt.

Rechtsfolge: Der Schuldner erhält lediglich eine *Einrede* gegen den Anspruch des Gläubigers.

3. Vorübergehende Unmöglichkeit:

Nicht in § 275 geregelt ist der Fall der nur vorübergehenden Unmöglichkeit (Embargo o.Ä.)

Nach der h.M. liegt hier nur dann Unmöglichkeit vor, wenn es sich um ein absolutes Fixgeschäft handelt oder wenn zur Zeit des Eintritts des Leistungshindernisses dessen Behebung nicht absehbar und dem Gläubiger ein Abwarten nicht zumutbar ist (§ 242).

Der Unterschied zwischen § 275 I und § 275 II, III besteht somit lediglich darin, dass der Schuldner im ersten Fall kraft Gesetzes von der Leistung befreit wird, während er dagegen im zweiten Fall eine Einrede erheben muss. Ansonsten sind die Rechtsfolgen identisch.

IV. Leistungsstörungen

Gründe für „wirkliche" Unmöglichkeit

Basics ZR
Karte 25

Entscheidend für die Frage der („wirklichen") Unmöglichkeit ist, ob der geschuldete Leistungserfolg noch eintreten kann. Auf die Vornahme der Leistungshandlung kommt es nicht an.

Welche Arten von Unmöglichkeit i.S.d. § 275 I kennen Sie und unter welchen Voraussetzungen liegen diese vor?

1. Physische Unmöglichkeit: Die Leistung ist schon *nach den Naturgesetzen nicht möglich*, Bsp.: die geschuldete Sache wird vollends zerstört.

2. Juristische Unmöglichkeit: Die Leistungserbringung scheitert an *rechtlichen Gründen*, Bsp.: die zu übereignende Sache gehört dem Gläubiger bereits.

3. Zweckerreichung: Der geschuldete Leistungserfolg ist *bereits auf andere Weise* als durch Leistung des Schuldners eingetreten, Bsp.: der zu behandelnde Patient wird vor Eintreffen des Arztes von alleine wieder gesund.

4. Zweckfortfall: Der Gegenstand, an dem die Leistung zu erbringen ist, *ist untergegangen*, Bsp.: das zu streichende Haus brennt ab.

Kein Fall der Unmöglichkeit liegt bei der sog. Zweckverfehlung oder Zweckstörung vor. Das sind die Konstellationen, in denen die Leistung noch möglich, der Leistungserfolg für den Gläubiger aber nicht mehr von Interesse ist, Bsp.: Kauf eines Hochzeitsgeschenks, die Hochzeit fällt ins Wasser. Die Verwendung des Leistungsgegenstandes ist immer der Risikosphäre des Gläubigers zuzurechnen.

Auch die Fälle sog. wirtschaftlicher Unmöglichkeit, in denen für den Schuldner quasi die Opfergrenze überschritten ist, so dass ihm die Leistungserbringung nicht mehr zugemutet werden kann, werden heute nicht mehr über das Unmöglichkeitsrecht gelöst, sondern nach der Lehre von der Störung der Geschäftsgrundlage (vgl. H/W, Basics ZivilR, Rn. 292 ff.). Hier ist insbesondere genau zur faktischen Unmöglichkeit des § 275 II abzugrenzen, wobei der Aufwand allein am Leistungsinteresse des *Gläubigers* zu messen ist (vgl. H/W, Die Schuldrechtsreform, Rn. 57 ff.)!.

IV. Leistungsstörungen
Verhältnis Unmöglichkeit/Verzug

Basics ZR Karte 26

> Wenn der Schuldner die Leistung nicht erbringt, muss entschieden werden, ob Unmöglichkeit oder Verzug vorliegt.

Wie verhalten sich Unmöglichkeit und Verzug zueinander?

Unmöglichkeit und Verzug schließen sich gegenseitig aus, denn der Verzug setzt die grundsätzliche Erbringbarkeit der Leistung voraus. Ab dem Eintritt der Unmöglichkeit ist Verzug daher nicht mehr denkbar.

- Einen *bis dahin erlittenen Verzögerungsschaden* kann der Gläubiger aber selbstverständlich nach wie vor gem. §§ 280 I, II, 286 ersetzt verlangen.

- Ist der Gläubiger nach *§ 323* vom Vertrag zurückgetreten oder verlangt er Schadensersatz statt der Leistung gem. *§§ 280 I, III, 281*, werden auch diese Rechte durch eine später eintretende Unmöglichkeit nicht berührt, denn zur Primärleistung war der Schuldner nicht mehr verpflichtet. Besonders ist aber nach der neuen Rechtslage zu beachten, dass im Rahmen des Schadensersatzes statt der Leistung gem. §§ 280 I, III, 281 der Primäranspruch nicht wie in § 326 I 2, 2.Hs. a.F. nach fruchtlosem Fristablauf automatisch erlischt, sondern es gem. *§ 281 IV* erforderlich ist, dass der Gläubiger den Schadensersatz statt der Leistung **verlangt**. Konsequenz dieser neuen Rechtslage ist nun, dass nun noch nach erfolglosem Fristablauf Unmöglichkeit eintreten kann. (Lesen Sie hierzu den sehr lehrreichen Fall zur Abgrenzung Unmöglichkeit/Verzug in H/W, Schuldrecht III, Rn. 50 sowie Life and Law 2005, 641 ff. m.w.N.).

> Tritt während des Schuldnerverzugs Unmöglichkeit ein, so müssen Sie immer auch an § 287 S.2 denken. Der Schuldner haftet hier auch für den zufälligen Untergang der Sache. Anspruchsgrundlage für den Schadensersatz ist dann aber nicht §§ 280 I, III, 281, sondern §§ 280 I, III, 283.

IV. Leistungsstörungen
Fixgeschäfte

Basics ZR
Karte 27

In den Kontext der Abgrenzung von Unmöglichkeit und Verzug gehören auch die Fixgeschäfte. Wird für eine Hochzeit eine Sängerin engagiert und kann diese infolge Krankheit oder Zugverspätung aber nicht auftreten, so fragt sich, welche Ansprüche die Beteiligten gegeneinander haben.

Welche Arten von Fixgeschäften kennen Sie und wie unterscheiden sie sich in der Rechtsfolge?

Zu unterscheiden sind das relative (jetzt nicht mehr eigenständig geregelt, wie noch in § 361 a.F., sondern i.R. der Entbehrlichkeit der Fristsetzung bei Rücktritt *§ 323 II Nr.2*) und das absolute Fixgeschäft.

Beiden gemeinsam ist, dass die Parteien eines Schuldverhältnisses *die Einhaltung einer bestimmten Leistungszeit als so wesentlich vereinbaren, dass damit das ganze Geschäft stehen oder fallen soll.*

- Ein **absolutes Fixgeschäft** liegt dann vor, wenn die Einhaltung des vereinbarten Zeitpunktes von derartiger Bedeutung ist, dass eine *verspätete Leistung sich schon gar nicht mehr als Erfüllung darstellt* (z.B. Taxi, das bestellt wird, um einen bestimmten Zug zu erreichen). **Rechtsfolge einer jeden Verspätung ist hier also Unmöglichkeit.**

- Beim **relativen Fixgeschäft** liegt dagegen **keine Unmöglichkeit** vor. Die Versäumung des vereinbarten Termins führt hier nur zu einer **erleichterten Rücktrittsmöglichkeit nach § 323.** Die einzige Rücktrittsvoraussetzung ist die Nichteinhaltung des Leistungstermins. Es bedarf gem. § 323 II Nr.2 keiner Nachfristsetzung mit Ablehnungsandrohung.

Achten Sie in solchen Fällen stets auf Zweck des Vertrages und Interessenlage. Welche Art des Fixgeschäftes vorliegt, müssen Sie durch Auslegung der Parteierklärungen ermitteln. Für die Annahme eines absoluten Fixgeschäftes müssen gewichtige Gründe sprechen. Klauseln wie „fix", „prompt", „spätestens" deuten auf ein relatives Fixgeschäft hin.

Besonders zu beachten ist, dass von § 281 II das absolute und das relative Fixgeschäft nicht erfasst werden. Für das absolute Fixgeschäft resultiert dies daraus, dass mit Ablauf der Leistungsfrist Unmöglichkeit eintritt und somit dem Gläubiger ein Schadensersatzanspruch bereits gem. §§ 280 I, II, 283 S.1 zuwächst. Für das relative Fixgeschäft folgt dies aus einem Vergleich zur ausdrücklichen Regelung des § 323 II Nr.2. Hätte der Gesetzgeber Entsprechendes bei § 281 gewollt, hätte er dort ebenfalls eine ausdrückliche Normierung vorgenommen (vgl. H/W, Schuldrecht I, Rn. 384).

IV. Leistungsstörungen

Die anfängliche Unmöglichkeit

Basics ZR
Karte 28

> Nach § 311a II besteht ein Anspruch auf Schadensersatz statt der Leistung im Falle der Unmöglichkeit. Dieser Anspruch ist von §§ 283 S.1, 280 I abzugrenzen.

Welche Fälle erfasst § 311a II mit welchen Anspruchsvoraussetzungen?

§ 311a II knüpft an Absatz 1 der Vorschrift an: die Norm gilt also nur für den Fall, dass die **Unmöglichkeit schon bei Vertragsschluss** vorlag, also anfängliche Unmöglichkeit gegeben ist. Ob diese Unmöglichkeit objektiv oder subjektiv ist, spielt keine Rolle.

Die Regelung dieser Materie erfolgte deswegen nicht in §§ 275, 280 ff., weil der Gesetzgeber die anfängliche Unmöglichkeit nur bei rechtsgeschäftlichen Schuldverhältnissen für denkbar hält, deswegen auch die Regelung in §§ 311 ff.

Voraussetzungen:

1. Anfängliche Unmöglichkeit einer vertraglichen Primärleistungspflicht i.S.d. § 275 I-III.

2. Vertretenmüssen des Schuldners: Kenntnis oder grob fahrlässige Unkenntnis der Unmöglichkeit bei Vertragsschluss, § 311a II 2.

Rechtsfolge:

Schadensersatz statt der Leistung. Zur Ermittlung des Schadens gibt es wie bisher Surrogations- und Differenzmethode, zur Berechnung die Differenzhypothese.

> Beachten Sie: Das Hinzuzitieren von § 280 zu dem Anspruch aus § 311a II wäre ein fataler Fehler! Auch darf der Vertrag nicht schon aus anderen Gründen, so z.B. aus § 134, nichtig sein.

IV. Leistungsstörungen
Unmöglichkeit bei Gattungsschulden

Basics ZR
Karte 29

Gattungsschulden sind Beschaffungsschulden! Dieser ehemals in § 279 a.F. geregelte Grundsatz ergibt sich nun aus § 276 I 1 („Übernahme eines Beschaffungsrisikos"). Er besagt, dass der Untergang einer der Sachen aus der vereinbarten Gattung den Schuldner nicht nach § 275 I befreit.

In welchen Fällen wird auch der Schuldner einer nur der Gattung nach bestimmten Sache frei?

1. Die Auslegung des Vertrages kann ergeben, dass nicht eine Gattungsschuld, sondern eine **Vorratsschuld** vereinbart ist. Der Schuldner hat dann nur solange zu liefern, wie der Vorrat reicht. Danach wird er frei.

2. Die Einstandspflicht des Schuldners entfällt auch dann, wenn die **gesamte Gattung untergeht** oder beschlagnahmt wird. Es bleibt dann bei § 275 I.

3. Schließlich (und das ist der Regelfall) entfällt die Beschaffungspflicht, wenn die Gattungsschuld durch **Konkretisierung nach § 243 II** zur Stückschuld geworden ist. Die Einstandspflicht des Schuldners beschränkt sich dann auf dieses eine Stück. Was zur Konkretisierung erforderlich ist, hängt davon ab, ob eine Hol-, Bring- oder Schickschuld vereinbart wurde.

4. Dieselbe Rechtsfolge tritt ein, wenn die **Leistungsgefahr nach § 300 II** infolge des Annahmeverzugs auf den Gläubiger übergegangen ist. Neben § 243 II hat § 300 II allerdings nur einen geringen Anwendungsbereich.

5. Schließlich ist in Fällen, in denen dem Schuldner infolge **unvorhersehbarer Umstände die Leistung nicht mehr zugemutet** werden kann, an die Einrede des § 275 II bzw. an § 313 (Störung der Geschäftsgrundlage) zu denken. Hierbei ist dann zwischen faktischer (dann § 275 II) und wirtschaftlicher Unmöglichkeit (Lösung über die SGG) zu unterscheiden (vgl. H/W, Basics ZivilR, Rn. 153 f.). Daneben besteht noch die Möglichkeit, die Einrede der moralischen Unmöglichkeit gem. § 275 III geltend zu machen.

Die oben genannten Fälle bewirken also einen Übergang der Leistungsgefahr auf den Käufer. Beachten Sie also: die Leistungsgefahr trägt bei der Gattungsschuld zunächst der Verkäufer. Bei der Stückschuld trägt sie sowieso der Käufer, so dass sich die Frage nach dem Übergang der Leistungsgefahr auf ihn gar nicht stellt. Wichtig ist dann in Abhängigkeit von der Leistungsgefahr die Bestimmung der Gegenleistungsgefahr, vgl. dazu KK 30.

IV. Leistungsstörungen

Von keiner Seite zu vertretende Unmöglichkeit

Basics ZR
Karte 30

> Nach § 275 I wird der Schuldner von seiner Leistungspflicht frei, bzw. nach §§ 275 II, III wird der Schuldner nach Erhebung der Einrede frei, wenn ihm die Herbeiführung des geschuldeten Erfolges dauerhaft unmöglich wird. Das Schicksal der Gegenleistung bei gegenseitigen Verträgen bestimmt sich dann nach § 326.

Welchen Fall betrifft § 326 I und welche Ausnahmen kennen Sie?

§ 326 I ist einschlägig, wenn entweder der Schuldner oder keine der Parteien die Unmöglichkeit zu vertreten haben: Danach erlischt bei **zufälliger Unmöglichkeit** grundsätzlich die Pflicht des Gläubigers zur Gegenleistung. Hatte er diese bereits erbracht, so kann er sie über die Verweisung in § 326 IV nach den Vorschriften über den Rücktritt (§§ 346 bis 348) zurückverlangen.

- Aus dem Zusammenspiel von § 275 und § 326 I ergibt sich also folgender **Grundsatz:**

    Der (Sach-) Gläubiger trägt die Leistungsgefahr (Besonderheiten bei der Gattungsschuld, vgl. KK 29).

    Der (Sach-) Schuldner trägt die Gegenleistungsgefahr (Preisgefahr).

- **Ausnahmsweise** kann der Schuldner aber **auch im Falle des Unmöglichwerdens** seiner Leistung die **vereinbarte Vergütung** verlangen. Die Gegenleistungsgefahr geht dann auf den Gläubiger über. Die wichtigsten Fälle sind:

    § 326 II 1, 1.Alt. (Vertretenmüssen des Gläubigers)

    § 326 II 1, 2.Alt. (Annahmeverzug des Gläubigers + Nichtvertretenmüssen durch Schuldner)

    § 446 (Übergabe der Sache an den Käufer)

    § 447 (Versendungskauf, beachten Sie die Nichtanwendbarkeit gem. § 474 II)

    § 615 (Annahmeverzug des Dienstberechtigten)

    § 616 (Vorübergehende Verhinderung des zur Dienstleistung Verpflichteten)

    §§ 644, 645 (Spezielle Gefahrtragungsregeln beim Werkvertrag)

    § 2380 (Erbschaftskauf) (vgl. H/W, BGB AT III, Rn. 558 ff.)

> Der Versendungskauf nach § 447 eröffnet das klassische Anwendungsfeld der Drittschadensliquidation, wenn die Sache infolge eines Verschuldens der Transportperson zerstört wird. Der Verkäufer hat gegen den Transporter zwar Ansprüche aus Vertrag und Delikt, wegen § 447 aber keinen Schaden. Der Käufer dagegen kann noch nicht einmal § 823 I geltend machen, da er noch nicht Eigentümer der Sache war. Gleichwohl muss er wegen § 447 den Kaufpreis zahlen.
>
> Der Verkäufer kann in dieser Situation den Schaden des Käufers liquidieren bzw. der Käufer kann nach § 285 analog Abtretung der Ansprüche vom Verkäufer verlangen (zur Drittschadensliquidation, vgl. H/W, SchadensersatzR III, Rn. 221 ff.; zu den Besonderheiten bei Eingreifen der §§ 407 ff. HGB vgl. Schuldrecht I, Rn.).
>
> Beachten Sie: Der § 447 hat mit Umsetzung der Verbrauchsgüterkaufrichtlinie gegenüber der alten Regelung an Bedeutung verloren, da dieser im Falle des Verbrauchsgüterkaufs (vgl. § 474 I) keine Anwendung findet, § 474 II.

IV. Leistungsstörungen
Aufwendungsersatz

Basics ZR
Karte 31

> Der Gläubiger hat nach § 284 nun auch die Möglichkeit statt des Anspruchs auf Schadensersatz statt der Leistung Aufwendungsersatz zu verlangen. Dieser musste früher im Wege einer so genannten Rentabilitätsvermutung konstruiert werden, da bei ordnungsgemäßer Leistung eben kein Anspruch auf Ersatz getätigter Aufwendungen bestand.

Welche Voraussetzungen verlangt § 284 dem Gläubiger ab?

1. Nach dem Wortlaut der Vorschrift („anstelle") müssen die tatbestandlichen Voraussetzungen eines Anspruches auf Schadensersatz statt der Leistung vorliegen. Dies betrifft sowohl §§ 281-283 als auch § 311a II.

2. Erfasst werden nur freiwillige Vermögensopfer. Im Gegensatz zu § 670 werden Schäden kaum in den Anwendungsbereich der Norm fallen können, da diese nicht im Vertrauen auf die Leistung gemacht werden.

3. Einschränkend setzt § 284 voraus, dass der Gläubiger die Aufwendung billigerweise machen durfte.

4. Bei ordnungsgemäßer Leistung müsste der Zweck der Aufwendungen, der auch ein immaterieller sein kann, erreicht worden sein.

Bei § 284 BGB ist vieles umstritten. So stellt sich u.a. die Frage, ob § 284 BGB auch alternativ zum Rücktritt geltend gemacht werden kann. Des Weiteren ist umstritten, ob die Vorschrift nur für ideelle Aufwendungen gilt oder auch für erwerbswirtschaftliche, also solche, die mit Gewinnerzielungsabsicht getätigt werden. Letztere können nämlich nach h.M. bereits über die Rentabilitätsvermutung im Rahmen des Schadensersatzes statt der Leistung aufgefangen werden. Vgl. ausführlich zu § 284 BGB: H/W Schuldrecht I, Rn. 431 ff.

IV. Leistungsstörungen

Beiderseitig zu vertretende Unmöglichkeit

Basics ZR
Karte 32

Für die Fälle der entweder vom Schuldner oder vom Gläubiger zu vertretenden Unmöglichkeit gibt § 326 klare Rechtsfolgen vor.

Keine ausdrückliche Regelung besteht aber für den Fall, dass die Unmöglichkeit sowohl vom Gläubiger als auch vom Schuldner zu vertreten ist. Zwar ordnet § 326 II 1, 2.Alt. an, dass im Falle einer weit überwiegenden Verantwortlichkeit des Gläubigers der Anspruch auf die Gegenleistung erhalten bleibt, nach der amtlichen Begründung soll jedoch § 326 II den bisherigen § 324 a.F. übernehmen. Wäre eine Änderung bzw. eine Kodifizierung der beiderseits zu vertretenden Unmöglichkeit bezweckt gewesen, so hätte dies einer ausdrücklichen Begründung bedurft.

Bsp.: Während des Annahmeverzugs des Gläubigers geht die verkaufte Sache infolge grober Fahrlässigkeit des Schuldners unter.

Wie ist im Fall der beiderseitig zu vertretenden Unmöglichkeit zu entscheiden?

Juristisches Repetitorium
examenstypisch · anspruchsvoll · umfassend **hemmer**

Die Lösung dieser Konstellation ist umstritten. Es werden hauptsächlich *zwei Ansichten* vertreten:

1. Alternative Anwendung der §§ 433 II, 326 II bzw. 280 I, III, 283: Nach dem Gedanken des § 254 wird zunächst entschieden, *welche Anspruchsgrundlage* einschlägig ist (überwiegendes Verschulden des Schuldners - §§ 280 I, III, 283; überwiegendes Verschulden des Gläubigers - §§ 433 II, 326 II). Der so ermittelte Anspruch wird wiederum *über § 254 gekürzt.* Diese vormals vom BGH vertretene Ansicht ist einfach in der Anwendung, *versagt aber bei gleich hohem Verschulden,* da § 326 I in diesem Fall ersichtlich nicht passt.

2. Kumulative Anwendung der §§ 326 II; 280 I, III, 283: Es finden *beide Vorschriften Anwendung;* Der nach der Surrogationsmethode berechnete Schadensersatzanspruch aus §§ 280 I, III, 283 wird entsprechend dem Mitverschuldensanteil nach § 254 I gekürzt und dann mit dem ungekürzten Anspruch aus §§ 433 II, 326 II verrechnet. Für diese vor allem von der Literatur vertretene Ansicht spricht, dass sie unter Abwägung des Verschuldens stets zu einer angemessenen Aufteilung des Schadens führt. Auch der Fall des gleich hohen Verschuldens löst sich problemlos.

Das Problem beiderseitig zu vertretender Unmöglichkeit stellt sich nur bei Unmöglichkeit einer synallagmatischen Pflicht, da nur diese zur Anwendbarkeit des § 326 führt. Wird eine nicht-synallagmatische Pflicht aufgrund beiderseitiger Verantwortlichkeit nachträglich unmöglich, ist unproblematisch der Schadensersatzanspruch des Gläubigers aus §§ 280 I, III, 283 S.1 um einen Mitverantwortlichkeitsanteil zu kürzen, § 254. Eine Gegenleistung gibt es dann ja gerade nicht, die berücksichtigt werden müsste.

IV. Leistungsstörungen

Voraussetzungen des Schuldnerverzuges

Basics ZR – Karte 33

Der Schuldnerverzug ist sowohl in der Praxis als auch in der Klausur von erheblicher Bedeutung, denn wenn der Schuldner nicht liefert, wird der Gläubiger nicht sofort von Unmöglichkeit ausgehen, sondern den Schuldner zunächst einmal in Verzug setzen. Der Schuldnerverzug ist jetzt gänzlich in § 286 geregelt; Anspruchsgrundlage zur Geltendmachung des Verzögerungsschadens des Gläubigers: §§ 280 I, II, 286.

Was sind die Voraussetzungen des Schuldnerverzuges und wann ist eine Mahnung entbehrlich?

1. Nichtleistung trotz Erbringbarkeit der Leistung.

Dabei muss der *Leistungserfolg noch nachholbar* sein, da sonst Unmöglichkeit vorliegt, die den Schuldnerverzug ausschließt.

2. Einredefreiheit und Fälligkeit.

Der Anspruch muss fällig (= § 271 I) und einredefrei sein, da grundsätzlich schon das *Bestehen von Einreden verzugshindernd wirkt (Ausnahmen: §§ 273, 1000 BGB wegen § 273 III BGB)*.

3. Mahnung.

Die Mahnung stellt eine an den Schuldner gerichtete *Aufforderung* dar, die *geschuldete Leistung zu erbringen*. Sie muss nach Fälligkeit erfolgen. Entbehrlich ist die Mahnung in den Fällen des § 286 II, III:

- Bestimmung der Leistungszeit nach dem Kalender, § 286 II Nr.1
- Kalendarische Berechenbarkeit der Leistungszeit nach vorangegangenem *Ereignis*, § 286 II Nr.2

Hierbei handelt es sich um eine echte Neucrung: Vor der Schuldrechtsreform war nur die kalendarische Berechenbarkeit nach einer *Kündigung* ausreichend!

- Ernsthafte und endgültige Erfüllungsverweigerung des Schuldners, § 286 II Nr.3
- Ausnahmsweise bei Vorliegen „besonderer Gründe" unter Abwägung der Parteiinteressen, § 286 II Nr.4
- Schließlich tritt spätestens nach Ablauf von 30 Tagen ab Vorliegen eines fälligen und einredefreien Anspruchs und Zustellung einer entsprechenden Rechnung auch ohne Mahnung Verzug ein, § 286 III

4. Vertretenmüssen.

Gemäß § 286 IV kommt der Schuldner nicht in Verzug, wenn er die Nichtleistung nicht zu vertreten hat. Das BGB sieht somit also das Vertretenmüssen als vermutete Voraussetzung des Verzugs an, dessen Nichtvorliegen als Befreiungsgrund ausgestaltet ist. Das Verschulden richtet sich nach den allgemeinen Vorschriften, also §§ 276, 278.

Von dem Grundsatz, dass schon das Bestehen einer Einrede verzugshindernd wirkt, gibt es nur eine Ausnahme: die Zurückbehaltungsrechte nach den §§ 273 I, 1000. Diese müssen vom Schuldner geltend gemacht werden, damit der Gläubiger von seiner Abwendungsbefugnis gem. § 273 III BGB Gebrauch machen kann. Für die Einrede des nicht erfüllten Vertrages (§ 320) bleibt es dagegen bei der allgemeinen Regel. Eine Besonderheit besteht nur insofern, als der Gläubiger die ihm obliegende Gegenleistung in Annahmeverzug begründender Weise anbieten muss.

IV. Leistungsstörungen

Haftung des Schuldners während des Verzugs

Basics ZR
Karte 34

> § 287 ist keine eigene Anspruchsgrundlage, sondern regelt den Haftungsmaßstab, der für den Schuldner ab Verzugseintritt gilt.
>
> Danach hat der Schuldner während des Verzuges gemäß § 287 S.1 jede Fahrlässigkeit zu vertreten.

1. Nur wann ist die Vorschrift des § 287 S.1 von Bedeutung?
2. Wann greift § 287 S.2 ein?

1. Da die Haftung des Schuldners für jede Fahrlässigkeit ohnehin der *Grundregel des § 276 I 1* entspricht, **erlangt § 287 S.1 nur Bedeutung, wenn der Schuldner an sich privilegiert wäre**, z.B. beim Schenker (vgl. § 521).

2. § 287 S.2 erweitert die Haftung sogar auf *Zufall*. Dabei ist unter Zufall nicht nur das Eintreten von Naturkatastrophen oder höhere Gewalt zu verstehen, sondern jeder Schaden, der nach den allgemeinen Regeln weder vom Schuldner noch vom Gläubiger zu vertreten wäre. **§ 287 S.2 ist damit nur in den Fällen bedeutsam, in denen zwischen Verzug und Unmöglichkeit kein adäquater Kausalzusammenhang besteht.** Ansonsten ergibt sich nämlich die Haftung schon unmittelbar aus §§ 280 I, II, 286 I, IV, Palandt, § 287, Rn.3.

Aufgrund von § 990 II führt die Vorschrift des Weiteren dazu, dass auch der bösgläubige (§ 990 I!) unverklagte Besitzer, dem ansonsten die abschließende Sonderregelung des EBV zugute käme, für den zufälligen Untergang einer Sache haftet (vgl. dazu H/W, SachenR I, Rn. 364 ff.). Anspruchsgrundlage ist dann §§ 989, 990 I, 990 II i.V.m. § 287 S.2 BGB, wenn die gem. § 985 BGB herauszugebende Sache während des Verzugs zufällig untergeht.

IV. Leistungsstörungen

Schadensersatz statt der Leistung bei § 282

Basics ZR
Karte 35

Auch bei der Verletzung von Pflichten des § 241 II, so genannten nicht leistungsbezogenen Pflichten, auf welche der Gläubiger keinen Primäranspruch hat, kann ein Anspruch auf Schadensersatz statt der Leistung denkbar sein.

Welche Voraussetzungen gelten für einen Anspruch aus §§ 280 I, III, 282?

- Bestehen eines Schuldverhältnisses.

  Ein vorvertragliches Schuldverhältnis genügt hierfür nicht, dieses kennt keine Primärleistungspflichten, also kann die Rechtsfolge Schadensersatz „statt der Leistung" nicht passen.

- Vom Schuldner zu vertretende Verletzung einer Pflicht i.S.d. § 241 II.

  z.B. Beschädigung des Eigentums bei Ausführung der geschuldeten Arbeiten

- Unzumutbarkeit für den Gläubiger.

  In der Regel ist eine einzige Pflichtverletzung nicht ausreichend, um eine Unzumutbarkeit zu begründen. Beachten Sie jedoch stets die Umstände des Einzelfalles. (Bsp.: unentwegtes Rauchen bei Verrichtung der Arbeiten, obwohl Gläubiger auf seine Asthma-Erkrankung hinweist).

- Im gegenseitigen Vertrag: eigene Vertragstreue.

  Diese entfällt nicht bereits aufgrund der Vornahme eines Deckungsgeschäfts, obwohl die Unzumutbarkeit noch nicht gegeben war. Das Risiko eines Deckungsgeschäfts liegt nämlich zu diesem Zeitpunkt noch beim Gläubiger selbst.

Rechtsfolge: Schadensersatz statt der Leistung.

In der Regel ist für die Bejahung einer Unzumutbarkeit für den Gläubiger eine vorherige Abmahnung erforderlich. Es ist aber auch möglich, dass sich die Unzumutbarkeit aus zahlreichen Pflichtverletzungen verschiedenster Art ergibt, welche die Unzuverlässigkeit des Schuldners manifestieren. Eine Abmahnung ist entbehrlich bei schwer wiegenden Pflichtverletzungen.

IV. Leistungsstörungen

Ungeschriebene Voraussetzung beim gegenseitigen Vertrag

Basics ZR — Karte 36

Im Anwendungsbereich des § 326 a.F. nahm die überwiegende Auffassung die eigene Vertragstreue als ungeschriebene Voraussetzung an. Dies wurde aus dem Gegenseitigkeitsverhältnis im Vertrag abgeleitet. Verhielt sich der Gläubiger hinsichtlich der von ihm zu erbringenden Gegenleistung vertragswidrig, so können ihm Leistungsstörungsrechte gegen den Schuldner wegen Verletzung dessen Leistungspflicht nicht zustehen.

Kann dieses ungeschriebene Tatbestandsmerkmal auch nach der Schuldrechtsreform beachtlich werden?

Unter welchen Voraussetzungen?

Der Gedanke der eigenen Vertragstreue des Gläubigers hat auch nach der Schuldrechtsreform Gültigkeit. Zu beachten ist, dass eigene Vertragstreue des Gläubigers nur bei Verletzung einer synallagmatischen Hauptleistungspflicht durch den Schuldner zu fordern ist, da sich dieses Erfordernis gerade aus dem Synallagma rechtfertigt.

In vielen Fällen führt das vertragswidrige Verhalten des Gläubigers bereits dazu, dass die Voraussetzungen z.B. der §§ 280 I, 281 entfallen.

Ein echter Anwendungsfall des Erfordernisses eigener Vertragstreue liegt beispielsweise vor, wenn der Gläubiger bei Vorleistungspflicht des Schuldners diesem ankündigt, zur Erbringung seiner Gegenleistung nicht bereit oder imstande zu sein. Hier findet nämlich § 320 zugunsten des Schuldners keine Anwendung, da diese Vorschrift eine Leistungsverpflichtung Zug um Zug voraussetzt.

> Beachten Sie aber auch die Ausnahme von der Ausnahme: Die Pflichtverletzung durch den Gläubiger ist wiederum unschädlich, wenn sie ihrerseits durch ein vorwerfbares Verhalten des Schuldners hervorgerufen worden ist. Letztlich geht es bei diesem „Hin-und-Her" um eine Abwägung unter dem Gesichtspunkt von Treu und Glauben.

IV. Leistungsstörungen

Voraussetzungen des Gläubigerverzuges

Basics ZR
Karte 37

> Der Gläubigerverzug taucht in der Klausur weniger häufig auf als der Schuldnerverzug, da er abgesehen von § 304 keine eigenen Anspruchsgrundlagen oder Gestaltungsrechte gibt. Gleichwohl ist er wegen der Haftungsprivilegierung des Schuldners nach § 300 I und im Rahmen des Unmöglichkeitsrechts (§ 326 II 1, 2.Alt.) von Bedeutung.

Nennen Sie die Voraussetzungen des Gläubigerverzuges!

Die **Voraussetzungen des Gläubigerverzugs** sind:

1. Leistungsberechtigung des Schuldners, § 271 II
2. Leistungsvermögen des Schuldners, § 297
3. Ordnungsgemäßes **Angebot** der richtigen Leistung

Grundsatz:
- tatsächliches Angebot, § 294

Ausnahmen:
- wörtliches Angebot, § 295
- nach dem Kalender bestimmte Mitwirkungshandlung, § 296

4. Nichtannahme durch den Gläubiger, § 293

(oder bei Zug-um-Zug Verpflichtungen, wenn der Gläubiger zwar annehmen, aber die Gegenleistung nicht erbringen will, § 298)

Keine Voraussetzung ist im Gegensatz zum Schuldnerverzug ein Verschulden des Gläubigers! Ein gewisses Korrektiv schafft aber § 299 als Ausprägung des Grundsatzes von Treu und Glauben bzw. der Zumutbarkeit: Danach tritt kein Gläubigerverzug ein, wenn der Gläubiger bei unbestimmter Leistungszeit ohne nähere Ankündigung kurzzeitig abwesend ist bzw. über den Wortlaut des § 299 hinaus auch dann nicht, wenn eine Annahme trotz vorheriger Ankündigung unzumutbar ist, § 242 BGB, z.B. zur Nachtzeit, bei Todesfällen oder Krankheit.

Zum Verständnis: Beim Gläubigerverzug handelt es sich um eine Obliegenheitsverletzung. Der Unterschied zur Pflichtverletzung besteht darin, dass Rechtsfolge immer nur der Verlust eigener Rechtspositionen ist, niemals aber das Entstehen eines Schadensersatzanspruchs des anderen Teils. Weiteres klassisches Beispiel für eine Obliegenheit: die Mängelrüge beim beiderseitigen Handelskauf nach § 377 HGB.

IV. Leistungsstörungen

Gläubigerverzug, § 300 II

Basics ZR
Karte 38

---

§ 300 II betrifft die Leistungsgefahr, denn der Übergang der Preisgefahr ist bereits in § 326 II geregelt. Liegt Gläubigerverzug vor, hat i.d.R. aber bereits eine Konkretisierung nach § 243 II stattgefunden. § 300 II ist daher in diesen Fällen ohne Bedeutung.

In welchen (wenigen) Fällen erfolgt der Übergang der Leistungsgefahr nach § 300 II?

Als Anwendungsfälle des § 300 II kommen in Betracht:

1. Der Gläubiger einer Schick- bzw. Bringschuld ist durch wörtliches Angebot nach § 295 oder gemäß § 296 in Annahmeverzug geraten, und der Schuldner hat bereits ausgesondert. Konkretisierung nach § 243 II liegt hier mangels Übergabe an eine Transportperson bzw. tatsächliches Angebot nämlich noch nicht vor.

2. Annahmeverzug bei Geldschulden, Bsp.: Der dem Gläubiger erfolglos angebotene Geldbetrag wird dem Schuldner auf dem Rückweg gestohlen. § 243 II ist bei Geldschulden nicht anwendbar, da es kein Geld mittlerer Art und Güte gibt.

3. Abbedingung des § 243 II, soweit die Auslegung nicht ergibt, dass auch § 300 II mit abbedungen sein soll (vgl. H/W, Basics ZivilR, Rn. 200 f.).

Zur Wiederholung: § 300 II regelt die Leistungsgefahr! Prüfen Sie aber immer zuerst, ob sich die Gattungsschuld nicht schon nach § 243 II in eine Stückschuld verwandelt hat. Für § 300 II ist dann kein Raum mehr.

Beachten Sie, dass es sich bei Geldschulden um qualifizierte Schickschulden handelt. Zwar legt der Wortlaut des § 270 I die Annahme einer Bringschuld nahe, nach § 270 IV bleiben aber die Vorschriften über den Leistungsort unberührt, so dass auch hier § 269 I gilt: Da der Gläubiger aber die Gefahr der Übermittlung trägt, ist die Schickschuld bei Geld keine gewöhnliche, sondern eine qualifizierte.

IV. Leistungsstörungen

Zusammenspiel der §§ 300 I, 300 II und 326 II 1, 2.Alt.

Basics ZR

Karte 39

> § 326 II 1, 2.Alt. ist ebenso wie §§ 446, 447 eine Ausnahme zu § 326 I: Der Schuldner behält seinen Anspruch auf die Gegenleistung, obwohl auch der Gläubiger die Unmöglichkeit nicht im eigentlichen Sinne zu vertreten hat. Modifikationen können sich zudem durch § 300 I, II ergeben.

Bei welchem Prüfungspunkt im Rahmen des § 326 II 1, 2.Alt. werden die beiden Absätze des § 300 jeweils relevant?

Juristisches Repetitorium
examenstypisch • anspruchsvoll • umfassend **hemmer**

1. § 300 I wird relevant, wenn es um die Frage des Vertretenmüssens des Schuldners geht.

§ 326 II 1, 2.Alt. setzt voraus, dass der Schuldner die Unmöglichkeit nicht zu verantworten hat. Nicht zu vertreten hat der Schuldner die Unmöglichkeit nach § 300 I aber auch dann, wenn er *lediglich leicht fahrlässig* gehandelt hat. Liegt dagegen grobe Fahrlässigkeit vor, kommen Sie zum Problem der beiderseitig zu vertretenden Unmöglichkeit!

2. § 300 II ist dagegen für die Frage entscheidend, ob überhaupt Unmöglichkeit vorliegt.

Sind nämlich weder die Voraussetzungen des § 243 II noch die des § 300 II gegeben, ist der Schuldner nach wie vor zur Leistung verpflichtet.

---

§ 326 II 1, 2.Alt. ist keine Anspruchsgrundlage im eigentlichen Sinn, sondern eine Anspruchserhaltungsnorm. Insofern sollten Sie ihn immer in Verbindung mit dem Primäranspruch zitieren, z.B. § 433 II i.V.m. § 326 II 1, 2.Alt. (vgl. H/W, BGB AT III, Rn. 568 f.).

Merken Sie sich auch, dass - wenn überhaupt - immer nur die Leistung, nie aber die Gegenleistung unmöglich wird. Bei der Gegenleistung stellt sich nur die Frage, ob der Anspruch untergeht (so bei § 326 I) oder ob er erhalten bleibt (so bei § 326 II 1).

IV. Leistungsstörungen

Voraus. eines Anspruchs aus §§ 280 I, 241 II (Pflichtverletzung)

Basics ZR
Karte 40

> Die Vorschriften des BGB über Unmöglichkeit, Verzug und Mängelgewährleistung erfassten nicht alle denkbaren Fälle von Leistungsstörungen innerhalb eines Schuldverhältnisses. Um dadurch auftretende Regelungslücken zu schließen, hatten Rechtsprechung und Lehre in Analogie zu den §§ 280, 286, 325, 326 a.F. das Rechtsinstitut der „pVV" entwickelt, das nun in § 241 II gesetzlich geregelt wurde. Bei Pflichtverletzungen ist über § 280 I ein Schadensersatzanspruch möglich. Eine Änderung in der Sache ist damit nicht verbunden.

Welches sind die Voraussetzungen eines Schadensersatzanspruches aus §§ 280 I, 241 II?

Juristisches Repetitorium
examenstypisch • anspruchsvoll • umfassend **hemmer**

Die **Voraussetzungen eines Anspruches aus §§ 280 I, 241 II** sind:

1. Vertragliches oder gesetzliches Schuldverhältnis

2. Pflichtverletzung

3. Verschulden, wobei die Beweislastumkehr des § 280 I S.2 BGB zu beachten ist (Ausnahme: § 619a BGB)

4. Schaden

5. Haftungsausfüllende Kausalität

Nicht alle Punkte sind in jeder Klausur problematisch. Sie müssen bei der Bearbeitung selbst die richtigen Schwerpunkte setzen. Beispielsweise ist das Vorliegen eines Schuldverhältnisses häufig unproblematisch. Anders wiederum, wenn dieses sich erst i.V.m. den Grundsätzen des Vertrages mit Schutzwirkung zugunsten Dritter ergibt. Sie sehen: Ein Schema ist eben ein Schema und nicht mehr.

IV. Leistungsstörungen

Sonderfälle

Basics ZR
Karte 41

Probleme ergeben sich manchmal bei der Konfrontation mit außergewöhnlichen Rechtsverhältnissen.

Welche Rolle spielt § 280 I bei
1. **nachvertraglichen Schuldverhältnissen?**
2. **Rechtsgemeinschaften, §§ 741 ff.?**
3. **Nachbarschaftsverhältnissen?**
4. **Gefälligkeitsverhältnissen?**

1. Das selten anzunehmende Schuldverhältnis nach Beendigung eines Vertrages ist bei Dauerschuldverhältnissen denkbar. Eine Haftung lediglich nach §§ 823 ff. wäre unbillig, da zwischen den Parteien eine besondere Nähebeziehung bestand und diese auch nach Vertragsbeendigung fortgewirkt hat. Damit ist ein Anspruch aus § 280 I bei Verletzung nachvertraglicher Pflichten denkbar, so bei Zerstörung von Sachen, die der Mieter im Keller des Vermieters vergessen hat.

2. Die Rechtsgemeinschaft nach §§ 741 ff. ist selbst kein Schuldverhältnis, es fehlt hierzu an einer Regelung gegenseitiger Pflichten. Jedoch ist das Gemeinschaftsverhältnis Grundlage gesetzlicher Schuldverhältnisse, die sich aus § 742 ff. ergeben. Deren Verletzung kann durch § 280 sanktioniert werden (dazu folgende Karte).

3. Das nachbarschaftliche Gemeinschaftsverhältnis kann nicht als Schuldverhältnis im Sinne des § 280 I begriffen werden. Insbesondere die Annahme einer Gefahrengemeinschaft unter Nachbarn ist nicht zu raten, da das nachbarliche Verhältnis mehr einem Nebeneinander als einem Miteinander gleicht. Es bleiben deliktische Ansprüche.

4. Die Anwendbarkeit bei Gefälligkeitsverhältnissen hängt vom Rechtsbindungswillen der Parteien ab. Selbst wenn der Wille zur Eingehung eines Vertrages fehlt, sind die Beteiligten oft daran interessiert, im Falle der Pflichtverletzung eine vertragliche Haftung zu begründen. Dies ist der Fall bei Gefälligkeitsverhältnissen rechtsgeschäftlicher Art, welche Schutzpflichten für die Beteiligten begründen. Deren Verletzung kann eine Haftung nach § 280 I auslösen, nicht aber eine Verletzung der Gefälligkeit selbst.

Lassen Sie sich nicht durch Sonderfälle verschrecken! Wer auch hier sauber strukturiert, kommt mit dem richtigen Handwerkszeug von selbst auf Lösungen, die sich dann von der Masse, die mit Schema F vorgeht, abheben. Prägen Sie sich die Basics und die zugehörigen Sonderfälle anhand der Schuldrecht-Skripten I-III ein.

IV. Leistungsstörungen

Anspruch gem. §§ 280 I, 241 II bei ges. Schuldverhältnissen

Basics ZR — Karte 42

> § 241 II verzichtet bewusst auf eine Regelung der Frage, ob das die Schutzpflichten erzeugende Schuldverhältnis auf Gesetz oder auf einem wirksamen Rechtsgeschäft beruht. Aus der Stellung im Gesetz vor den §§ 305 ff. (Rechtsgeschäftliche Schuldverhältnisse) ergibt sich aber eindeutig, dass auch die Verletzung bzgl. eines gesetzlichen Schuldverhältnisses eine Pflichtverletzung i.S.d. § 280 I ist.

Nennen Sie Beispiele für gesetzliche Schuldverhältnisse, bei denen im Falle der schuldhaften Pflichtverletzung Ansprüche aus §§ 280 I, 241 II in Betracht kommen!

Juristisches Repetitorium
examenstypisch · anspruchsvoll · umfassend **hemmer**

Als gesetzliche Schuldverhältnisse, bei denen ein Anspruch aus §§ 280 I, 241 II möglich ist, kommen z.B. in Frage:

1. GoA: §§ 280 I, 241 II greift hier beim *sog. Ausführungsverschulden* (beachten Sie bei der unberechtigten GoA die Haftungserweiterung durch § 678), Bsp.: dem zur Hilfe gerufenen Arzt unterläuft bei der Rettung des Unfallopfers ein Behandlungsfehler.

2. Grunddienstbarkeiten: z.B. die Beeinträchtigung eines Wegerechts (vgl. § 1027)

3. Wohnungseigentum: z.B. Verstoß gegen die Pflichten des § 14 WEG

4. Abwicklung von Deliktsansprüchen: (also *nach Entstehen des Anspruchs aus den §§ 823 ff.*) Bsp.: der zur Reparatur des Schadens eingesetzte Handwerker richtet schuldhaft weiteren Schaden an.

Die h.M. vereint das Vorliegen einer Sonderverbindung dagegen bei der Bruchteilsgemeinschaft (§§ 741 ff.) und beim nachbarschaftlichen Gemeinschaftsverhältnis, da hier noch nicht einmal eine unvollkommene gesetzliche Regelung gegenseitiger Verhaltenspflichten bestehe. Das sei aber für die Annahme eines Schuldverhältnisses Voraussetzung.

IV. Leistungsstörungen

Rechtsfolgen der §§ 280 I, 241 II

Basics ZR
Karte 43

Mit dem Anspruch aus §§ 280 I, 241 II kann Ersatz all der Schäden verlangt werden, die unmittelbar oder mittelbar auf der Pflichtverletzung beruhen, solange nur die haftungsausfüllende Kausalität gegeben ist.

Dieser Anspruch auf Ersatz der „Begleitschäden" tritt nicht an die Stelle, sondern neben den Primäranspruch aus dem Schuldverhältnis.

Unter welchen Voraussetzungen kann auch Schadensersatz statt der Leistung verlangt bzw. der Rücktritt erklärt werden?

Schadensersatz statt der Leistung wegen der Verletzung einer Pflicht nach § 241 II kann der Gläubiger gem. § 280 III nur unter der Voraussetzung des § 282 verlangen.

Voraussetzung hierfür ist, dass dem Gläubiger bei Verletzung einer **„nicht leistungsbezogenen"** Pflicht aus dem Schuldverhältnis, auf die er keinen Primäranspruch hat, das Festhalten an der (Haupt-) Leistung unzumutbar wird. Die Abwägung im Einzelfall muss ergeben, dass die Vertrauensgrundlage endgültig und in irreparabler Weise zerstört ist. An die Unzumutbarkeit sind nach wie vor hohe Anforderungen zu stellen, so dass nicht bei jeder Nebenpflichtverletzung der Gläubiger berechtigt sein kann, Schadensersatz statt der Leistung zu verlangen.

Der Gläubiger kann nach § 324 zurücktreten, wenn der Schuldner in einem gegenseitigen Vertrag eine nicht leistungsbezogene Nebenpflicht nach § 241 II verletzt und dem Gläubiger das Festhalten am Vertrag unzumutbar ist.

Die Ausführungen zu § 282 gelten hier entsprechend. Beachten Sie aber: Wirkt sich die Nebenpflichtverletzung aber auf die Hauptleistung aus, so dass diese nicht vertragsgemäß erbracht werden kann, ist § 323 einschlägig!

> **Wichtig:** Nach der neuen Regelung besteht das Rücktrittsrecht des Gläubigers verschuldensunabhängig und neben dem Schadensersatzanspruch, vgl. § 325 BGB!

IV. Leistungsstörungen

Anspruch aus §§ 280 I, 311 II, 241 II

Basics ZR
Karte 44

> Die Schwächen des Deliktrechts (Exkulpationsmöglichkeiten bei § 831, kein umfassender Vermögensschutz nach §§ 823 ff.) haben dazu geführt, dass Rechtsprechung und Lehre in Analogie zu den §§ 122, 179 II, 307, 309, 463, S.2, 663 a.F. die Lehre von der c.i.c. entwickelt hatten. Danach entstand bereits bei der Aufnahme eines geschäftlichen Kontaktes ein Vertrauensverhältnis, in dessen Rahmen eine vertragsähnliche Haftung für Verschulden bei Vertragsverhandlungen (culpa in contrahendo) gegeben ist. Diese quasi-vertragliche Haftung ist nun in § 311 II, III ausdrücklich normiert worden. Eine Änderung in der Sache ist damit aber nicht verbunden.

Was sind die Voraussetzungen eines Anspruchs aus §§ 280 I, 311 II, 241 II?

Juristisches Repetitorium
examenstypisch · anspruchsvoll · umfassend **hemmer**

Die **Voraussetzungen eines solchen Anspruchs** sind:

1. Anwendbarkeit des Anspruchs aus §§ 280 I, 311 II, 241 II → weiterhin problematisch bleibt das Verhältnis insbesondere zu den §§ 119 ff. sowie zum Vertretungsrecht (falsus procurator) und zum Mängelrecht

2. Vorvertragliche Sonderverbindung, § 311 II Nr.1-3

3. Pflichtverletzung, 241 II

4. Verschulden

5. Schaden

6. Haftungsausfüllende Kausalität

Wichtig ist dabei vor allem, dass Sie die vorvertragliche Sonderverbindung i.S.d. § 311 II begründen. Hierfür ist das Vorliegen eines sozialen Kontakts allein eben nicht ausreichend. Voraussetzung ist ein Verhalten, das auf Abschluss eines Vertrags oder Anbahnung geschäftlicher Kontakte abzielt. Einen Anspruch aus §§ 280 I, 311 II, 241 II hat daher, wer sich als möglicher Kunde in Verkaufsräume begibt, nicht dagegen, wer sie nur aus Schutz vor der Witterung aufsucht.

In diesem Zusammenhang kann auch der Vertrag mit Schutzwirkung zugunsten Dritter relevant werden, wenn z.B. die fünfjährige Tochter, die ihre Mutter beim Einkaufen begleitet, einen Schaden erleidet. Ein Anspruch aus §§ 280 I, 311 II, 241 II allein wäre hier nicht gegeben, da es der Tochter an der entsprechenden Kaufabsicht fehlt (vgl. H/W, Basics ZivilR, Rn. 513 ff.). Beachten Sie: Der § 311 III regelt <u>nicht</u> den Vertrag mit Schutzwirkung zugunsten Dritter. Dafür bleibt es bei den alten Voraussetzungen (vgl. H/W, Schuldrecht I, Rn. 213)

IV. Leistungsstörungen

§§ 280 I, 311 II, 241 II und Konkurrenzen

Basics ZR — Karte 45

> Da die c.i.c. praeter legem entwickelt wurde, ist - wie bei der pVV, die nun in §§ 280 I, 241 II geregelt ist - darauf zu achten, dass gesetzlich ausdrücklich festgelegte Wertungen nicht verwischt werden. Daran ändert auch die jetzige Kodifizierung in § 311 II nichts, da ausweislich der Gesetzesbegründung keine Änderung in der Sache beabsichtigt ist.

Was gilt im Verhältnis des Anspruchs aus §§ 280 I, 311 II, 241 II (c.i.c.)
1. zur Anfechtung gem. § 123 BGB
2. zur Haftung des Vertreters ohne Vertretungsmacht?

Da es sich um ein komplexes Abgrenzungsprobleme handelt, kann hier nur ein Überblick gegeben werden:

1. Ein Widerspruch kann sich zwischen dem Anspruch aus §§ 280 I, 311 II, 241 II und den Anfechtungsregeln ergeben, insbesondere im Verhältnis zu § 123: Bei §§ 280 I, 311 II, 241 II kann der Geschädigte nämlich schon bei *jeder Fahrlässigkeit* Schadensersatz verlangen, was nach dem Grundsatz der Naturalrestitution (§ 249 I) auf *Vertragsaufhebung* hinauslaufen kann. Der Anspruch kann zudem 3 Jahre nach Beginn der Verjährung gem. §§ 195, 199 geltend gemacht werden, während *§ 124 eine Ausschlussfrist* von einem Jahr ab Kenntnis vorsieht. Anfechtung und der Anspruch aus §§ 280 I, 311 II, 241 II unterscheiden sich aber hinsichtlich des *Rechtsgüterschutzes.* Anders als § 123 schützen §§ 280 I, 311 II, 241 II nämlich *nicht die Willensfreiheit, sondern das Vermögen,* und setzt daher anders als die Anfechtung einen *Schaden* voraus. **Deswegen lässt die h.M. die §§ 280 I, 311 II, 241 II neben § 123 BGB uneingeschränkt zu.**

2. Eine Haftung des Vertretenen aus §§ 280 I, 311 II, 241 II kann zu *Wertungswidersprüchen mit § 179 I* führen, wonach der Vertretene bei Handeln eines vollmachtslosen Vertreters *gerade nicht gebunden* sein soll. Allerdings ist zu bedenken, dass dieser Vorrang des Vertretungsrechts nur für das Erfüllungsinteresse gilt.

Hat der **Vertretene den Vertreter grundsätzlich als Verhandlungsgehilfen eingeschaltet** (oder ergibt sich die Zurechnung generell aus der Organstellung), **so haftet der Vertretene für einen falsus procurator jedenfalls dann aus §§ 280 I, 311 II, 241 II, wenn die Pflichtverletzung nicht allein im Überschreiten der Vertretungsmacht liegt, sondern beispielsweise weitere Täuschungen erfolgt sind** (vgl. H/W, BGB AT I, Rn. 296).

> Die §§ 280 I, 311 II, 241 II sind interessant, weil sie flexible Lösungen ermöglichen. I.V.m. § 249 gewähren sie einen Anspruch auf Vertragsaufhebung, nach der Rspr. teilweise sogar auf Vertragsanpassung. Wichtig ist auch, dass bei den §§ 280 I, 311 II, 241 II eine Beschränkung des Anspruchs auf das positive Interesse (wie bei § 122) nach ganz h.M. abgelehnt wird.

IV. Leistungsstörungen

Fallgruppen der §§ 280 I, 311 II, 241 II

Basics ZR
Karte 46

> Die §§ 280 I, 311 II, 241 II haben sich in der Praxis zu einem äußerst flexiblen, aber auch schwer überschaubaren Haftungsinstitut entwickelt. Dennoch sind gewisse Fallgruppen auszumachen, deren Kenntnis die Handhabung der §§ 280 I, 311 II, 241 II in der Klausur extrem erleichtert.

Welche Rolle spielen die §§ 280 I, 311 II, 241 II
1. beim Abbruch von Vertragsverhandlungen,
2. beim Abschluss unwirksamer Verträge,
3. bei der Eigenhaftung des Vertreters?

1. Abbruch von Vertragsverhandlungen

Grundsätzlich sind die Parteien bis zum Vertragsschluss in ihren Entschließungen frei. *Ausnahmsweise* wird jedoch eine Ersatzpflicht angenommen, wenn ein Partner die *Vertragsverhandlungen ohne triftigen Grund abbricht, nachdem er zuvor in zurechenbarer Weise das Vertrauen geweckt hat,* der Vertrag komme zustande. Es muss ein *qualifizierter Vertrauenstatbestand* vorliegen. Noch strenger sind die Voraussetzungen schließlich bei *formbedürftigen Verträgen:* der Anspruch aus §§ 280 I, 311 II, 241 II besteht hier nur bei einer *besonders schwerwiegenden Treuepflichtverletzung.*

2. Abschluss unwirksamer Verträge

Bei unwirksamen Verträgen kommt es entscheidend darauf an, ob das *Wirksamkeitshindernis aus der Sphäre der einen Partei stammt* oder ob es sich um ein *allgemeines Wirksamkeitshindernis* handelt. Bei *Nichtbeachtung der erforderlichen Form* kann daher ein Anspruch nach §§ 280 I, 311 II, 241 II nur gegeben sein, wenn es ansonsten zu einem *schlechthin untragbaren Ergebnis käme.*

3. Die Eigenhaftung des Vertreters

Normalerweise besteht der Anspruch aus §§ 280 I, 311 II, 241 II nur zwischen den Parteien des zu schließenden Vertrages. Daneben kommt aber gem. § 311 III eine persönliche Haftung von Vertretern und Verhandlungsgehilfen vor allem bei folgenden Konstellationen in Betracht:

- *Inanspruchnahme von persönlichem Vertrauen* (der Vertreter muss über das normale Verhandlungsvertrauen hinaus eine persönliche Gewähr für die Seriosität und Erfüllung des Vertrags übernommen haben), in § 311 III ausdrücklich genannt („insbesondere");
- nach der Rechtsprechung zudem v.a. in Fällen *eigenen wirtschaftlichen Interesses am Vertrag* (nicht bloß Provisionsinteresse, sondern quasi Tätigwerden in eigener Sache).

Daneben besteht im Rahmen der §§ 280 I, 311 II, 241 II eine allgemeine Schutzpflicht. Die potenziellen Vertragspartner haben sich grundsätzlich so zu verhalten, dass Körper, Leben, Eigentum und sonstige Rechtsgüter des anderen Teils nicht verletzt werden.

IV. Leistungsstörungen

Rechtsfolgen des Anspruchs aus §§ 280 I, 311 II, 241 II

Basics ZR
Karte 47

Der Anspruch aus §§ 280 I, 311 II, 241 II ist ein Schadensersatzanspruch, dessen Umfang sich nach den allgemeinen Vorschriften der §§ 249 ff. richtet. Nach der Grundnorm des § 249 I ist der Geschädigte also so zu stellen, wie er ohne das schädigende Ereignis stünde. Bei dem Anspruch aus §§ 280 I, 311 II, 241 II besteht aber die Besonderheit, dass der Vertrag aufgrund der Pflichtverletzung gar nicht oder nur zu ungünstigen Bedingungen zustande kommt.

Welche Besonderheiten bestehen bei den §§ 280 I, 311 II, 241 II hinsichtlich der Rechtsfolge, wenn die schuldhafte Pflichtverletzung gerade den Vertragsschluss verhindert oder zu einem Abschluss mit ungünstigen Bedingungen geführt hat?

Juristisches Repetitorium
examenstypisch • anspruchsvoll • umfassend **hemmer**

1. Ein Vertrag ist nicht zustande gekommen.

Der Grundsatz der Naturalrestitution müsste hier normalerweise zum Abschluss des gewünschten Vertrags führen. Da ein derartiger Inhalt des Anspruchs aber einem *systemwidrigen Kontrahierungszwang* gleich käme und zudem Sinn und Zweck der konkreten Unwirksamkeitsnorm umgangen würden, sucht die **h.M.** eine andere Lösung: **Sie erkennt den Anspruch des Geschädigten auf das Erfüllungsinteresse nur in der Form an, dass ihm der für eine adäquate Ersatzanschaffung erforderliche Geldbetrag zu zahlen ist.**

Bsp.: Bewusstes Abhalten von der Einhaltung der Form des § 311b I S.1 BGB, bei gleichzeitig „schlechthin untragbarem Ergebnis" (BGH NJW 1965, 812 ff.).

2. Ein Vertrag ist mit ungünstigen Bedingungen zustande gekommen.

Der Grundsatz der Naturalrestitution führt hier zu einem **Anspruch auf Vertragsaufhebung.** Hier besteht ein *Spannungsverhältnis mit den Anfechtungsregeln,* was von der Rspr. aber im Hinblick auf den unterschiedlichen Rechtsgüterschutz hingenommen wird. Des Weiteren gewährt die Rspr. sogar einen **Anspruch auf Vertragsanpassung.**

> Vor allem der Anspruch auf Vertragsanpassung ist problematisch, schließlich ist keinesfalls gewiss, dass der Geschädigte den Abschluss des Vertrags zu den günstigen Konditionen tatsächlich hätte durchsetzen können. Insofern findet hier auch ein Eingriff in die Privatautonomie statt.

V. Mängelrecht
Rechte des Käufers bei Sach- und Rechtsmängeln

Basics ZR / Karte 48

> Einen wesentlichen Punkt der Schuldrechtsreform bildete die möglichst weit gehende Abschaffung von Sondervorschriften bei der Schlechtleistung. An die Stelle von Sonderregelungen für die Rechte des Käufers bei Sach- und Rechtsmängeln sollten die Bestimmungen des allgemeinen Schuldrechts treten. Dafür formuliert § 433 I 2: Der Verkäufer ist verpflichtet, dem Käufer die Kaufsache frei von Sach- und Rechtsmängeln zu verschaffen. Diese Pflicht kann der Verkäufer verletzen. Die Besonderheiten des Kaufrechts werden in §§ 434 ff. geregelt.

Fassen Sie die Rechte des Käufers bei Mangelhaftigkeit der Sache überblicksmäßig zusammen!

1. Der Käufer kann Nacherfüllung verlangen, §§ 437 Nr.1, 439. Dies bedeutet nach seiner Wahl Beseitigung des Mangels oder Lieferung einer mangelfreien Sache.

2. Dem Käufer kann die Möglichkeit des Rücktritts zustehen, §§ 437 Nr.2, 1.Alt, 440, 326 V oder 323. Grundvoraussetzung ist grds. das erfolglose Verstreichenlassen einer gesetzten Frist zur Nacherfüllung, vgl. § 323 I BGB. Daraus ergibt sich ein Rangverhältnis zwischen § 437 Nr. 1 und Nr.2 und 3 (s.u.) BGB

3. Der Käufer kann nach § 437 Nr.2, 2.Alt., 441 den Kaufpreis mindern. Hierbei handelt es sich um ein Gestaltungsrecht des Käufers zur Herabsetzung des Kaufpreises. Die Voraussetzungen decken sich weitestgehend mit denen des Rücktritts, Ausnahme: § 441 I S.2 BGB.

4. Ferner kann dem Käufer ein Anspruch auf Schadensersatz zustehen, §§ 437 Nr.3, 1.Alt., 440. Unterscheiden muss man dabei genau, ob ein Begleitschaden entstanden ist (dann § 280 I BGB, sog. Mangelfolgeschaden), oder ob es um Schadensersatz statt der Leistung geht (dann §§ 281, 283, 311a II). Sofern es um Schadensersatz statt der Leistung geht, ist grds. wiederum eine Fristsetzung erforderlich, vgl. § 281 I BGB.

5. Alternativ zum Schadensersatz kann der Käufer nach § 437 Nr.3, 2.Alt., 284 Aufwendungsersatz verlangen.

> **Zu beachten ist stets, dass auch Pflichtverletzungen auftreten können, die mit einer mangelhaften Leistung nichts zu tun haben! Diese müssen Sie ganz normal nach §§ 280 I, 241 II behandeln.**

V. Mängelrecht

Möglichkeiten des Käufers nach Verjährung

Basics ZR — Karte 49

> Gem. § 438 I Nr.3 verjähren die Mängelansprüche des Käufers regelmäßig in zwei Jahren. Über §§ 438 IV 1, 218 wird abhängig davon die Unwirksamkeit für das in § 437 geregelte Rücktritts- bzw. Minderungsrecht geregelt, weil es sich dabei um Gestaltungsrechte handelt, welche gem. § 194 nicht der Verjährung unterliegen. Nach Ablauf von zwei Jahren ab Übergabe der Kaufsache (§ 438 II) hat der Käufer also grundsätzlich keine Rechte mehr.

Wie ist der Käufer auch noch nach Eintritt der Verjährung (bzw. bei Unwirksamkeit von Rücktritt bzw. Minderung, § 218 BGB) der Mängelrechte geschützt?

Juristisches Repetitorium
examenstypisch • anspruchsvoll • umfassend **hemmer**

Mängelansprüche können vom Käufer nach Verjährung nicht mehr aktiv durchgesetzt werden. Wenn der *Kaufpreis aber noch nicht vollständig gezahlt* ist, gibt das Gesetz dem Käufer in § 438 IV 2, V einen Ausweg an die Hand.

1. Rücktrittseinrede nach § 438 IV 2

Der Käufer kann die Zahlung des Kaufpreises insofern verweigern (Einrede), als er aufgrund eines Mangels eigentlich zum Rücktritt berechtigt wäre. Im Gegensatz zur alten Rechtslage (§ 478 a.F.) ist dafür nun auch *keine Anzeige* der Mangelhaftigkeit vor Eintritt der Verjährung mehr erforderlich!

2. Minderungseinrede gem. § 438 V

Ein entsprechendes Recht steht dem Käufer auch im Falle der Minderung zu. In diesem Fall besteht also eine Einrede gegen die Kaufpreisforderung in Höhe des Minderungsanteils.

Machen Sie sich zum Verständnis die hinter dem § 438 IV 2, V stehende Wertung klar:

Das Gesetz gibt dem Käufer nach Verjährung nur noch Defensiv- und keine Offensivrechte mehr.

Das Gesetz will lediglich verhindern, dass der Verkäufer seinen vollen Kaufpreisanspruch durchsetzen kann, obwohl er eine mangelhafte Sache geliefert hat. Das käme einem Verstoß gegen Treu und Glauben gleich. Der Verkäufer kann bei Geltendmachung der Einrede durch den Käufer jedoch vom Kaufvertrag zurücktreten, um zumindest die mangelhafte Sache nicht beim Käufer belassen zu müssen, § 438 IV 3 BGB.

V. Mängelrecht
Rechte des Bestellers beim Werkvertrag

Basics ZR
Karte 50

> Hauptpflicht des Unternehmers ist die Herstellung des Werkes. Gemäß §§ 631, 632 muss er dieses vertragsgemäß, d.h. rechtzeitig und vor allem mangelfrei, d.h. ohne Sach- und Rechtsmängel herstellen.

Welche Ansprüche hat der Besteller bei Nichtleistung und bei Sach- und Rechtsmängeln?

1. Eine vollständige Unmöglichkeit der Herstellung eines Werkes i.S.d. § 275 ist nur denkbar, wenn die Herstellung als solche unmöglich ist oder wird. Mit Feststehen der Unmöglichkeit bzw. mit Erhebung der Einrede nach § 275 II, III entfällt der Primäranspruch des Bestellers auf Herstellung des Werkes. Die Gegenleistung ist nach § 326 zu beurteilen.

2. Der Besteller kann bei Nichtleistung der Herstellers trotz Möglichkeit Ersatz des Verzögerungsschadens vom Werkunternehmer nach §§ 280 I, II, 286 verlangen, wenn dieser mit seiner Herstellungspflicht im Verzug ist bzw. war. In derselben Konstellation kann der Besteller unter den Voraussetzungen der §§ 280, 281 Schadensersatz statt der Leistung verlangen oder ein Rücktrittsrecht unter den Voraussetzungen des § 323 ausüben.

3. Die Rechte des Bestellers bei Sach- und Rechtsmängeln stellen sich überblicksmäßig wie folgt dar:

- Vorrangiger Anspruch auf Nacherfüllung nach §§ 634 Nr.1, 635.
- Bei Nichtvornahme durch Unternehmer in bestimmter Frist:
    - *Selbstvornahme* und Aufwendungsersatz, §§ 634 Nr.2, 637 oder
    - *Rücktritt* §§ 634 Nr.3, 1.Alt., 636, 323, 326 V oder
    - *Minderung* der Vergütung nach §§ 634 Nr.3, 2.Alt., 638.
- Schadensersatz wegen schuldhafter Schlechtlieferung nach allgemeinen Vorschriften, §§ 634 Nr.3, 1.Alt., 636, 280 ff.
- Wahlweise Aufwendungsersatz, §§ 634 Nr.3, 2.Alt., 284

Wenn Sie die Ausführungen zum Kaufrecht verstanden haben, erschließt sich das System der Mängelrechte beim Werkvertrag bereits aus den zitierten Vorschriften von selbst. Versuchen Sie auch hier, sich effektiv mit den Regelungen vertraut zu machen und lernen Sie nicht doppelt.

V. Mängelrecht
Kenntnis des Mangels beim Kunden

Basics ZR – Karte 51

> Die Mängelrechte versuchen einen Ausgleich zwischen den gegenläufigen Interessen der Vertragsparteien zu schaffen, Bsp.: Verschuldensunabhängige Haftung einerseits, (im Vergleich zu § 477 I a.F. deutlich angehobene) Verjährung der Ansprüche andererseits. (Der Unterschied zwischen der regelmäßigen Verjährung des § 195 und der des § 438 I Nr.3 kann deutlich über ein Jahr hinausgehen, da der Beginn der Verjährung im Kaufrecht mit Ablieferung gem. § 438 II, 2.Alt. beginnt und somit nicht wie § 199 von der Kenntnis bestimmter Umstände abhängig ist.) Die Schutzwürdigkeit des „Kunden" ist zudem geringer, wenn dieser Kenntnis von der Mangelhaftigkeit des Vertragsgegenstandes hatte.

Was gilt, wenn der Kunde bei Abschluss des Vertrages bzw. beim Werkvertrag bei der Abnahme Kenntnis vom Sachmangel hat?

1. Kaufvertrag
- bei positiver Kenntnis => keine Haftung des Verkäufers § 442 I 1
- bei grob fahrlässiger Unkenntnis => Haftung des Verkäufers nur bei Arglist oder Garantie i.S.d. § 276 I 1 a.E., vgl. § 442 I 2

2. Mietvertrag
- positive Kenntnis => keine Haftung des Vermieters, § 536b S.1
- grob fahrlässige Unkenntnis => Haftung nur bei Arglist, § 536b S.2

3. Werkvertrag
- positive Kenntnis => § 640 II: Ansprüche gem. § 634 Nr.1-Nr.3 entfallen; Schadensersatz gem. § 634 Nr.4 bleibt möglich. **Maßgeblicher Zeitpunkt für die Kenntnis des Bestellers ist die Abnahme gem. § 640 II.**
- grob fahrlässige Unkenntnis => keine Einschränkung der Ansprüche!!

Wie Sie sehen, ergibt sich die Rechtsfolge hier bereits eindeutig aus dem Gesetz. Ob dagegen von Seiten des Kunden grobe Fahrlässigkeit vorliegt, können Sie nur anhand des Einzelfalls entscheiden. Insofern müssen Sie alle Details des Sachverhalts aufnehmen und Ihre Ansicht vernünftig begründen.

V. Mängelrecht
Vorliegen eines Mangels

Basics ZR
Karte 52

Während bei Verzug und Unmöglichkeit die geschuldete Leistung zu spät oder gar nicht erbracht wird, ist in Fällen der Mängelhaftung das Äquivalenzinteresse gestört, da der Vertragsgegenstand aufgrund seiner Mangelhaftigkeit nicht den vereinbarten Preis wert ist. Ausgangspunkt ist dabei stets die Feststellung eines Mangels. Durch die Schuldrechtsreform wurde insbesondere in diesem Bereich eine Neuordnung vorgenommen.

Welche Mängelarten umfassen die §§ 434 ff. jetzt und wonach richtet sich ihr Vorliegen?

1. Sachmangel § 434

Der Sachmangel ist nun abschließend in § 434 geregelt. Wann ein solcher vorliegt, ist durch stufenweises Prüfen der verschiedenen Varianten des § 434 festzustellen

- zunächst gilt gem. § 434 I 1 der *subjektive* Fehlerbegriff, d.h. Maßstab ist die von den Parteien vereinbarte Beschaffenheit

- liegt eine solche Vereinbarung nicht vor, gilt gem. § 434 I 2 Nr.1 eine Eignung für die vertraglich vorausgesetzte Verwendung als Maßstab (gemischt *objektiv-subjektiver* Fehlerbegriff)

- schließlich ist auf die gewöhnliche Verwendung und übliche Qualität abzustellen (*objektiver* Fehlerbegriff). Hier (und nur hier!) sind auch Aussagen des Herstellers und dessen Gehilfen bedeutsam, § 434 I 3.

Vom Umfang her umfasst der Begriff des Sachmangels außer Nachteilen der Sache selbst auch Fehler bei der Montage oder in der -anleitung („IKEA-Klausel") sowie Aliud- oder Zuweniglieferungen, § 434 II, III.

Im Rahmen des § 434 III BGB ist allerdings die Anwendung auf eine Identitätsaliudlieferung bei der Stückschuld umstritten (vgl. Schuldrecht II, Rn. 128 ff.).

2. Rechtsmangel § 435

Die Rechtsmängel wurden durch die Schuldrechtsreform ebenfalls in das Mängelrecht integriert. Es ist für die Rechtsfolgen daher jetzt ohne Bedeutung, ob ein Nachteil der Kaufsache als Sach- oder Rechtsmangel qualifiziert wird. Ein Rechtsmangel liegt generell dann vor, wenn der Käufer durch Rechte Dritter darin beschränkt ist, mit der Kaufsache nach Belieben zu verfahren.

VI. Störung der Geschäftsgrundlage
SGG

Basics ZR
Karte 53

Trotz der jetzigen Normierung dieser „allgemeinen Billigkeitslehre" in § 313 ist die „Störung der Geschäftsgrundlage" nach wie vor gegenüber speziellen Regelungen subsidiär. Diese Subsidiarität ergibt sich jetzt zwar nicht mehr aus dem Vorrang des geschriebenen Gesetzes, aber dafür aus dem lex-specialis-Grundsatz. In der Klausur kann daher weiter eine Abgrenzung zur Anfechtung, Unmöglichkeit oder zu den Mängelrechten erforderlich werden.

Wie verhält sich § 313 zu der Vereinbarung einer Bedingung nach § 158 bzw. der Zweckkondiktion nach § 812 I 2, 2.Alt.?

Juristisches Repetitorium
examenstypisch • anspruchsvoll • umfassend **hemmer**

1. Vereinbaren die Parteien eine Bedingung i.S.d. § 158, so wird diese Vertragsinhalt. Tritt die Bedingung nicht ein, so kann die Seite, die schon geleistet hat, ihre Leistung kondizieren, § 812 I 1, 1.Alt. Handelt es sich um eine auflösende Bedingung, ist für eine eventuelle Rückforderung § 812 I 2, 1.Alt. die richtige Anspruchsgrundlage. **Im Gegensatz dazu ist die Geschäftsgrundlage ein Umstand, welcher gerade nicht Vertragsinhalt geworden ist.**

Außerdem ist primäre Rechtsfolge der Störung der Geschäftsgrundlage gem. § 313 I ohnehin nicht die Rückabwicklung, sondern die *Vertragsanpassung*. Eine Rückabwicklung findet nämlich nur bei Unmöglichkeit oder Unzumutbarkeit der Anpassung statt, § 313 III.

2. Geschäftsgrundlage und Zweckkondiktion unterscheiden sich schließlich dadurch, dass bei ersterer der Umstand nur ein vorausgesetzter ist, während bei der Zweckkondiktion eine (über die Verbindlichkeit an sich hinausgehende) gegenseitige Erfolgsabrede vorliegt. Diese Vereinbarung über den Zweck darf andererseits wieder nicht so weit gehen, dass schon von einer aufschiebenden oder auflösenden Bedingung auszugehen ist (vgl. H/W, BereicherungsR, Rn. 13 ff.).

Sie sehen schon: Die Abgrenzung ist heikel. Insofern müssen Sie alle Umstände des Einzelfalls in die Abwägung mit einbeziehen.

Unstreitig reichen aber bloß einseitige Erwartungen und Vorstellungen über den Zweck der Leistung für eine Rückforderung nach § 812 I 2, 2.Alt. nicht aus. Bejahen Sie aber auch nicht vorschnell eine Rückforderung nach den Grundsätzen der Störung der Geschäftsgrundlage. Bedenken Sie: Ein Festhalten am Vertrag muss für die betreffende Seite unzumutbar sein. Das ist im Ergebnis selten der Fall.

VI. Störung der Geschäftsgrundlage
SGG: Fallgruppen

Basics ZR
Karte 54

Die Störung der Geschäftsgrundlage ist ein sehr flexibles Instrument zur Vermeidung unbilliger Ergebnisse. Ihr Anwendungsbereich lässt sich daher nicht abschließend beschreiben. Es existieren jedoch einige Fallgruppen, in denen die Störung der Geschäftsgrundlage allgemein anerkannt ist und die Ihnen bekannt sein sollten.

Nennen Sie die wichtigsten Fallgruppen des § 313 und beschreiben Sie kurz ihren Anwendungsbereich!

1. Die Äquivalenzstörung

Hier hat § 313 seinen eigentlichen Anwendungsbereich, da der Gedanke der Gleichwertigkeit von Leistung und Gegenleistung grundlegend für das Vertragsrecht ist. *Das Äquivalenzverhältnis muss infolge unvorhersehbarer Ereignisse schwer wiegend gestört sein, so dass eine Anpassung des Vertragsinhalts nach Treu und Glauben geboten erscheint.* Weniger streng sind die Voraussetzungen bei *Verträgen mit Versorgungscharakter* (vgl. H/W, Basics ZivilR, Rn. 312).

2. Die Leistungserschwerung

Diese Fallgruppe ist mit der Äquivalenzstörung eng verbunden. Für eine Anpassung ist jedenfalls erforderlich, dass es sich um *Umstände handelt, die außerhalb des Einfluss- und Risikobereichs des Schuldners liegen* (vgl. H/W, Basics ZivilR, Rn. 311).

3. Die Zweckverfehlung

Hier gilt, dass das Verwendungsrisiko bzgl. der Leistung grundsätzlich vom Gläubiger zu tragen ist. Ist die Leistung mangelfrei, darf es dem Schuldner regelmäßig gleichgültig sein, ob der Gläubiger sie wie geplant verwenden kann.

§ 313 kommt nur dann in Betracht, wenn sich der *Schuldner die geplante Verwendung quasi zu eigen gemacht hat*. Indiz hierfür: Die Verwendung schlägt sich - wie bei der Vermietung eines Fensterplatzes, um einen Krönungszug zu verfolgen - insbesondere auch in der Höhe der verlangten Gegenleistung nieder (vgl. H/W, Basics ZivilR, Rn. 309 f.).

4. Der Doppelirrtum

Unterliegen beide Parteien demselben Irrtum, kam nach alter h.M. grundsätzlich die SGG in Betracht. Voraussetzung war aber auch hier: Ein *Festhalten am Vertrag* muss *unzumutbar* sein (vgl. H/W, Basics ZivilR, Rn. 313).

Störung der GG scheidet dagegen aus in Fällen der Zweckerreichung und des Zweckfortfalls (=Wegfall des Leistungssubstrats). Hier muss die Lösung im Unmöglichkeitsrecht gesucht werden, denn es fehlt nicht nur (wie bei der Zweckverfehlung) das Interesse am Eintritt des Leistungserfolges, sondern dieser ist objektiv unmöglich geworden.

Beachten Sie weiterhin auch die Abgrenzung zwischen der faktischen Unmöglichkeit (Lösung über die Einrede der Unmöglichkeit, § 275 II) zur wirtschaftlichen Unmöglichkeit (Lösung nach h.M. über § 313).

VII. Gesetzliche Schuldverhältnisse

GoA: subjektiv fremdes Geschäft

Basics ZR — Karte 55

Die GoA nimmt im Schuldrecht eine Sonderstellung ein. Obwohl es sich um ein gesetzliches Schuldverhältnis handelt, ist sie vor allem durch die zahlreichen Verweisungen ins Auftragsrecht vertragsähnlich ausgestaltet.

Wichtig auch: Das Schuldverhältnis der GoA entsteht nicht durch rechtsgeschäftliche Willenserklärungen, sondern durch den tatsächlichen Akt der Geschäftsübernahme selbst.

Welche Voraussetzungen hat die GoA und welche Arten des fremden Geschäfts sind zu unterscheiden?

1. Besorgung eines fremden Geschäfts

Der Geschäftsführer muss ein fremdes Geschäft besorgen. Zu unterscheiden sind an dieser Stelle objektiv und subjektiv fremde Geschäfte.

- **Objektiv fremde Geschäfte** gehören schon nach ihrem äußeren Erscheinungsbild *nicht zum Rechts- und Interessenkreis des Geschäftsführers*, Bsp.: Veräußerung einer Sache, die einem Dritten gehört.
- **Subjektiv fremde Geschäfte** sind dagegen nach dem äußeren Erscheinungsbild *neutrale Geschäfte,* die erst durch die *Absicht des Geschäftsführers,* das Geschäft für einen anderen zu führen, zu einem fremden werden, Bsp.: Erwerb eines Gegenstandes im Interesse eines anderen (vgl. zum fremden Geschäft: H/W, Rückgriffsansprüche, Rn. 387 ff.).
- **Sog. auch fremdes Geschäft** (vgl. die folgende KK)

2. Fremdgeschäftsführungswille

Beim *objektiv fremden Geschäft wird der Fremdgeschäftsführungswille vermutet.* Liegt er ausnahmsweise nicht vor, ist das ein Fall der angemaßten Eigengeschäftsführung, § 687 II.

Beim subjektiv fremden Geschäft können die Frage der Besorgung eines fremden Geschäfts und das Vorliegen des Fremdgeschäftsführungswillens nicht getrennt werden.

3. Ohne Auftrag und sonstige Berechtigung

Gegenüber dem Geschäftsherrn darf kein Rechtsverhältnis bestehen, das den Geschäftsführer zur Vornahme der Geschäftsführung berechtigt und verpflichtet.

An diesem Merkmal zeigt sich der Auffangcharakter der GoA (vgl. zum Ganzen: H/W, Rückgriffsansprüche, Rn. 385 ff.).

Die Frage, ob berechtigte oder unberechtigte GoA vorliegt, stellt sich erst, wenn Sie die o.g. Prüfungspunkte bejaht haben. Fehlt es insbesondere am Fremdgeschäftsführungswillen, sind die §§ 677 ff. unanwendbar. Es liegt dann eine Eigengeschäftsführung vor, § 687 I BGB. Nur bei der angemaßten Eigengeschäftsführung kommen Sie durch die Verweisung des § 687 II ggfs. wieder in das Recht der GoA.!

VII. Gesetzliche Schuldverhältnisse

GoA: Fremdgeschäftsführungswille

Basics ZR
Karte 56

> Neben dem objektiven und subjektiven fremden Geschäft gibt es quasi noch eine dritte Kategorie, die als „auch fremdes Geschäft" bezeichnet wird.

Was versteht man unter einem „auch fremden" Geschäft und was gilt hier für den Fremdgeschäftsführungswillen? Nennen Sie einige Fallgruppen!

Von einem auch fremden Geschäft spricht man, wenn dessen Übernahme sowohl zum Rechtskreis des Geschäftsführers als auch des Geschäftsherrn gehört, Bsp.: Abschleppunternehmer verpflichtet sich gegenüber der Polizei, verbotswidrig abgestellte Fahrzeuge zu entfernen. Gegenüber den Haltern liegt hier sicherlich ein objektiv fremdes Geschäft vor, andererseits will der Abschleppunternehmer aufgrund seiner Absprache mit der Polizei eine eigene Verbindlichkeit erfüllen (vgl. H/W, Rückgriffsansprüche, Rn. 390).

- Die Rspr. wendet beim auch fremden Geschäft ebenfalls die §§ 677 ff. an, wobei wie beim objektiv fremden Geschäft der **Fremdgeschäftsführungswille vermutet** wird.

- *Fallgruppen* des auch fremden Geschäfts sind:

    - Tätigwerden aufgrund eines Vertrages mit einem Dritten
    - Tätigwerden aufgrund spezieller öffentlich-rechtlicher Vorschriften
    - Tätigwerden aufgrund nichtigen Vertrages (vgl. H/W, Rückgriffsansprüche, Rn. 404 ff.)

Die großzügige Annahme von auch fremden Geschäften ist nicht unproblematisch. Bei Verträgen mit einem Dritten führt die GoA dazu, dass der Geschäftsführer neben seinem Vertragspartner einen weiteren Schuldner erhält, der quasi vertragsähnlich in Anspruch genommen werden kann. Bei Tätigwerden aufgrund nichtigen Vertrags besteht dagegen ein Konkurrenzproblem mit den §§ 812 ff., die bei der Rückabwicklung gescheiterter Verträge an sich leges speciales sind. Genau genommen ist eine Parallelität hier auch deshalb nicht denkbar, da die GoA einen Rechtsgrund i.S.d. §§ 812 ff. darstellt.

VII. Gesetzliche Schuldverhältnisse
GoA: Verhältnis von Wille und Interesse

Basics ZR
Karte 57

Insbesondere für die Ansprüche, die Geschäftsherr und Geschäftsführer gegeneinander haben, ist die Frage entscheidend, ob berechtigte oder unberechtigte GoA vorliegt. Durch dieses Unterscheidungskriterium versucht das Gesetz, gegenläufigen Interessen gerecht zu werden: Einerseits soll der Geschäftsführer, der sich aus altruistischen Motiven einer fremden Angelegenheit annimmt, geschützt werden, andererseits soll sich der Geschäftsherr davor verwahren können, dass sich ein anderer ungerufen und besserwisserisch in seine Angelegenheiten einmischt.

Nach welchen Kriterien entscheiden Sie, ob berechtigte oder unberechtigte GoA vorliegt?

Berechtigte GoA liegt nach § 683 S.1 dann vor, wenn die Geschäftsführung dem objektiven Interesse und dem wirklichen oder mutmaßlichen Willen des Geschäftsherrn entspricht.

- Ein **objektives Interesse** an der Übernahme des Geschäfts liegt vor, wenn sie für den Geschäftsherrn nützlich ist.
- Beim **Willen** kommt es primär auf den *wirklichen Willen* des Geschäftsherrn an. Nur wo dieser nicht festgestellt werden kann, ist auf den *mutmaßlichen Willen* abzustellen. Dieser muss bei Fehlen besonderer Anhaltspunkte *aus dem objektiven Interesse geschlossen* werden.

Fallen objektives Interesse und subjektiver Wille auseinander, so ist **grundsätzlich der Wille des Geschäftsführers** maßgebend. Eine *Ausnahme gilt nur in den Fällen des § 679,* wenn die Geschäftsführung im öffentlichen Interesse liegt oder der Erfüllung einer gesetzlichen Unterhaltspflicht des Geschäftsherrn dient. Zu diskutieren ist in der Klausur ggfs. eine analoge Anwendung des § 679, wenn der Wille des Geschäftsherrn den §§ 134, 138 widerspricht (vgl. H/W, Rückgriffsansprüche, Rn. 416 ff.).

Für die Prüfung in einer Klausur bietet es sich an, zuerst den wirklichen Willens des Geschäftsherrn festzustellen. Entspricht die Übernahme des Geschäftes diesem wirklichen Willen, so kann dahingestellt bleiben, ob das objektive Interesse davon abweicht; es liegt berechtigte GoA vor. Der wirkliche Wille des Geschäftsherrn ist auch dann maßgebend, wenn der Geschäftsführer aufgrund einer unverschuldeten Fehleinschätzung zugunsten des Geschäftsherrn einschreiten will, obwohl eine Gefahr tatsächlich gar nicht bestand (polizeirechtlich: Fall der Anscheinsgefahr). Auch in diesem Fall liegt unberechtigte GoA vor, aufgrund der Schuldlosigkeit der Fehleinschätzung haftet der Geschäftsführer allerdings nicht aus § 678.

VII. Gesetzliche Schuldverhältnisse

GoA: Geschäftsfähigkeit

Basics ZR — Karte 58

Auch im Rahmen der GoA besteht die Möglichkeit, dass eine Person nicht voll geschäftsfähig ist. Hier ist genau zu differenzieren, ob der Mangel der Geschäftsfähigkeit auf Seiten des Geschäftsführers oder des Geschäftsherrn liegt.

Was gilt bei beschränkter Geschäftsfähigkeit von Geschäftsführer bzw. Geschäftsherrn?

1. Geschäftsführer ist geschäftsunfähig / beschränkt geschäftsfähig:

Keine Haftung des Geschäftsführers nach *GoA, vgl. § 682.*

Der geschäftsunfähige bzw. beschränkt geschäftsfähige Geschäftsführer hat gegen den Geschäftsherrn auf jeden Fall die *Ansprüche aus berechtigter GoA* (z.B. §§ 683, 670) (vgl. H/W, Rückgriffsansprüche, Rn. 437 f.).

2. Geschäftsherr ist geschäftsunfähig / beschränkt geschäftsfähig:

Für die Entstehung des Schuldverhältnisses der GoA ist die *Geschäftsfähigkeit des Geschäftsherrn ohne Bedeutung*. Hier zeigt sich, dass es sich eben um ein *gesetzliches Schuldverhältnis* handelt. Soweit es für Ansprüche des Geschäftsführers auf den Willen des Geschäftsherrn ankommt, ist allerdings der *wirkliche oder mutmaßliche Wille des gesetzlichen Vertreters* maßgebend (vgl. H/W, Rückgriffsansprüche, Rn. 435 f.).

> Es ist hier unerlässlich, auf den gesetzlichen Vertreter abzustellen, da ansonsten die Wertung der §§ 104 ff. umgangen würde. Machen Sie sich klar, dass bei Vorliegen einer berechtigten GoA quasi vertragsähnliche Ansprüche entstehen. Der Minderjährige ist also auch hier schutzbedürftig.

VII. Gesetzliche Schuldverhältnisse
Rechtsfolgen der berechtigten GoA

Basics ZR
Karte 59

> Bei der berechtigten GoA entspricht die Geschäftsbesorgung dem Willen des Geschäftsherrn. Das hat Bedeutung vor allem für die Art und den Umfang der Ansprüche, die Geschäftsführer und Geschäftsherr gegeneinander haben.

Welche Ansprüche haben Geschäftsführer und Geschäftsherr im Fall der berechtigten GoA gegeneinander?

Ansprüche des Geschäftsführers:

- **Aufwendungsersatz, §§ 683 S.1, 670** (ggfs. über §§ 683 S.2, 679 bzw. § 684 S.2)

    Der Geschäftsherr schuldet Ersatz nicht nur für die erfolgreichen Aufwendungen. Der Geschäftsführer hat sich zwar an den Interessen des Geschäftsherrn zu orientieren, maßgebend für die Erforderlichkeit der Aufwendungen ist aber im Ergebnis seine aufgrund sorgfältiger Prüfung gewonnene Einschätzung der Lage.

- **Schadensersatz, §§ 683, 670 analog**

    Da es sich bei Schäden im Gegensatz zu Aufwendungen um unfreiwillige Vermögensopfer handelt, wird der Ersatz von Schäden von den §§ 683, 670 nicht unmittelbar erfasst. *Die h.M. bejaht aber einen Anspruch nach §§ 683, 670 analog, sofern es sich um Schäden handelt, die mit der Geschäftsübernahme typischerweise verbunden sind.* Freiwillig ist dann zwar nicht das Vermögensopfer, wohl aber die Übernahme des Risikos an sich (vgl. H/W, Rückgriffsansprüche, Rn. 375 ff.). Dazu gehört beim professionellen Nothelfer auch der Ersatz für die Arbeitszeit (§ 1835 III BGB analog). Bsp.: Arzt behandelt Unfallopfer.

Ansprüche des Geschäftsherrn:

- **Informations- und Herausgabeansprüche, §§ 681 S.2, 666-668**
- **Schadensersatz aus §§ 280 I, 241 II**

    Der Geschäftsherr kann Schadensersatz verlangen bei einem Verstoß gegen § 681 S.1 und bei allen sonstigen Pflichtverletzungen, die die ordnungsgemäße Ausführung der Geschäftsbesorgung betreffen. Der Umfang des zu leistenden Schadensersatzes richtet sich auch hier nach den §§ 249 ff. (vgl. H/W, Rückgriffsansprüche, Rn. 449 ff.). Achtung: der professionelle Nothelfer wird nicht von § 680 BGB geschützt. Grund: er erhält ja auch Geld für die geleistete Tätigkeit, s.o.

Vergessen Sie bei der GoA nie Ansprüche aus §§ 280 I, 241 II. Zur Erinnerung: Auch gesetzliche Schuldverhältnisse kommen als Schuldverhältnis i.S.d. § 280 I in Betracht. Die GoA ist da nur ein Beispiel. Außerdem haften Geschäftsführer und Geschäftsherr selbstverständlich nach deliktischen Grundsätzen. § 680 gilt dann allerdings auch für solche Ansprüche.

VII. Gesetzliche Schuldverhältnisse

GoA: Konkurrenzen

Basics ZR
Karte 60

Da die GoA als Auffangtatbestand konzipiert ist, ist sie von ihrem möglichen Anwendungsbereich her sehr weit. Das wirft Konkurrenzprobleme zu anderen Vorschriften auf. Insbesondere ist darauf zu achten, dass durch die Anwendung der Vorschriften über die GoA andere gesetzliche Wertungen nicht unterlaufen werden.

Erläutern Sie das Konkurrenzverhältnis der GoA

1. zu den §§ 987 ff.
2. zu den §§ 812 ff.
3. zu den §§ 823 ff.

Juristisches Repetitorium
examenstypisch • anspruchsvoll • umfassend **hemmer**

1. Verhältnis zu den §§ 987 ff.

Fallen die Inbesitznahme der Sache und die berechtigte Geschäftsübernahme zusammen, so sind die §§ 987 ff. nicht anwendbar. Die berechtigte GoA (und nur die berechtigte) stellt ein **Besitzrecht i.S.d. § 986** *dar.* Entfällt der Fremdgeschäftsführungswille später, so erlischt auch das Besitzrecht. Bei der Frage der Haftung des Geschäftsführers kann sich dann das Problem ergeben, ob das Aufschwingen vom berechtigten Fremd- zum unberechtigten Eigenbesitzer einen Besitzerwerb i.S.d. § 990 I 1 darstellt (vgl. H/W, SachenR I, Rn. 330 ff.).

2. Verhältnis zu den §§ 812 ff.

Die §§ 812 ff. sind ebenfalls nicht anwendbar, da die berechtigte GoA causa, d.h. **Rechtsgrund i.S.d. § 812** *ist.* Ein Konkurrenzproblem besteht dann an sich nicht. Allerdings wendet die Rspr. die Vorschriften der GoA auch zur Rückabwicklung nichtiger Verträge an, was in Bezug auf den Fremdgeschäftsführungswillen und den Vorrang der §§ 812 ff. problematisch ist (vgl. H/W, BereicherungsR, Rn. 61 ff.).

3. Verhältnis zu den §§ 823 ff.

Liegen bei der Geschäftsübernahme die Voraussetzungen einer berechtigten GoA vor, scheidet ein Anspruch aus Delikt aus, da die GoA insofern einen **Rechtfertigungsgrund** *darstellt.* Pflichtverletzungen bei der Ausführung können dagegen sehr wohl zu deliktischen Ansprüchen führen. Diese konkurrieren dann mit Ansprüchen aus §§ 280 I, 241 II, wobei § 680 auch auf den Anspruch aus unerlaubter Handlung durchschlägt (vgl. H/W, DeliktsR I, Rn. 87).

(vgl. zusammenfassend: H/W, Rückgriffsansprüche, Rn. 456)

Die obigen Ausführungen gelten alle nur für die berechtigte GoA. Die unberechtigte GoA stellt weder ein Recht zum Besitz i.S.d. § 986 noch einen Rechtfertigungsgrund i.S.d. § 823 dar. Ein Konkurrenzproblem zum Bereicherungsrecht besteht nicht, da § 684 S.1 gerade auf die §§ 812 ff. verweist (nach h.M. Rechtsfolgenverweisung).

VII. Gesetzliche Schuldverhältnisse
Rechtsfolgen der unberechtigten GoA

Basics ZR
Karte 61

Entspricht die Geschäftsübernahme nicht dem Interesse und Willen des Geschäftsherrn, liegt keine Genehmigung nach § 684 S.2 vor und greift auch nicht der Ausnahmetatbestand des § 679, ist die GoA unberechtigt. Die Auseinandersetzung zwischen Geschäftsführer und Geschäftsherr findet dann nach ganz anderen Grundsätzen statt.

Welche Ansprüche haben Geschäftsführer und Geschäftsherr im Fall der unberechtigten GoA gegeneinander?

Ansprüche des Geschäftsführers:

- Kondiktionsanspruch gemäß §§ 684 S.1, 818 ff. (Rechtsfolgenverweisung)

    Hier kann sich das Problem ergeben, dass der Bereicherungsanspruch höher ist als der Aufwendungsersatzanspruch, der dem berechtigten Geschäftsführer nach den §§ 683, 670 zustünde. Um einen solchen Wertungswiderspruch zu vermeiden, kann man den Anspruch aus §§ 683, 670 auch als Obergrenze betrachten (vgl. H/W, Rückgriffsansprüche, Rn. 443 ff.).

Ansprüche des Geschäftsherrn:

- Schadensersatzanspruch aus § 678 bei Übernahmeverschulden
- Schadensersatzanspruch aus §§ 280 I, 241 II bei Ausführungsverschulden (§ 678 stellt in diesem Fall eine Haftungserweiterung dar)
- Erlösherausgabeanspruch gemäß §§ 681 S.2, 667

    Ob dieser Anspruch gegeben ist, ist umstritten. Eine Ansicht bejaht das mit dem Argument, der unberechtigte Geschäftsführer dürfe nicht besser stehen als der berechtigte. Dagegen spricht aber die eindeutige Gesetzessystematik und außerdem das fehlende Bedürfnis, da der Geschäftsherr, will er die Ansprüche geltend machen, ja die Geschäftsübernahme genehmigen kann.

- §§ 812 ff.
- §§ 823 ff. (vgl. H/W, Rückgriffsansprüche, Rn. 461 ff.)

Die Unterscheidung berechtigte/unberechtigte GoA mit den unterschiedlichen Rechtsfolgen müssen Sie beherrschen. Das ist auch deshalb so wichtig, weil die §§ 677 ff. häufig aufgrund von Verweisungen aus anderen Gebieten Anwendung finden: §§ 539 I, 601 II 1, 994 II, 1959 I.

VII. Gesetzliche Schuldverhältnisse

Angemaßte Eigengeschäftsführung, § 687 II

Basics ZR
Karte 62

> § 687 II regelt den Fall, dass jemand ein objektiv fremdes Geschäft im eigenen Interesse führt, obwohl er positive Kenntnis von der Fremdheit des Geschäftes hat. Es fehlt der Fremdgeschäftsführungswille, so dass man allenfalls von unechter GoA sprechen kann. Richtiger ist die Bezeichnung „angemaßte Eigengeschäftsführung".

Welche Ansprüche hat der Geschäftsherr bei angemaßter Eigengeschäftsführung?

1. Erlösherausgabeanspruch gemäß §§ 687 II, 681 S.2, 667

2. Schadensersatzanspruch gemäß §§ 687 II, 678

3. §§ 987 ff.

4. §§ 823 ff.

5. §§ 812 ff.; insbesondere § 816 I 1 BGB (vgl. H/W, Rückgriffsansprüche, Rn. 480 ff., und H/W, BereicherungsR, Rn. 69 ff.)

Die Regelung des § 687 II ist für den Geschäftsherrn günstig, da sie sowohl zu Erlösansprüchen als auch zu Schadensersatzansprüchen führt. Bei Letzteren ist zu beachten, dass der „Geschäftsführer" für Folgeschäden verschuldensunabhängig einstehen muss. Gegen eine Konkurrenz mit anderen Ansprüchen bestehen hier keine Bedenken, da der „Geschäftsführer" von vornherein nicht schutzwürdig ist. Missverständlich ist die Regelung des § 687 II 2, denn diese würde an sich zu einem sinnlosen „juristischen Karussell" führen! Der Geschäftsherr könnte das durch die Geschäftsführung Erlangte nach §§ 687 II 1, 681 S.2, 667 herausverlangen, der Geschäftsführer hätte gegen den Geschäftsherrn denselben Anspruch über §§ 687 II 2, 684 S.1, 818 I, II. Gemeint ist Folgendes: Macht der Geschäftsherr seinen Herausgabeanspruch geltend, so soll er dem Geschäftsführer die Verwendungen nach Bereicherungsrecht ersetzen. Im Ergebnis läuft dies auf eine Kürzung des Anspruchs hinaus (vgl. H/W, Rückgriffsansprüche, Rn. 486 ff.).

VII. Gesetzliche Schuldverhältnisse
§§ 812 ff.

Basics ZR
Karte 63

> Zweck der §§ 812 ff. ist es, ungerechtfertigte Vermögensverschiebungen wieder auszugleichen. Dabei ist zwischen der Leistungs- und der Nichtleistungskondiktion zu unterscheiden.

Was ist unter dem Grundsatz der Subsidiarität der Nichtleistungskondiktion zu verstehen?

Welche Wertung steckt dahinter?

1. Der Grundsatz von der Subsidiarität der Nichtleistungskondiktion besagt, dass die Nichtleistungskondiktion nicht zum Zug kommt, wenn bzgl. des Bereicherungsgegenstandes in einem anderen Personenverhältnis eine Leistung vorliegt.

Bsp.: A verkauft eine Sache an B, B verkauft diese weiter an C. Beide Kaufverträge sind aus irgendwelchen Gründen nichtig. Hier kann A die Sache nicht einfach von C herausverlangen, obwohl dieser sicherlich rechtsgrundlos bereichert ist. Nach dem Grundsatz der Subsidiarität der Nichtleistungskondiktion (=Vorrang der Leistungskondiktion) hat die Rückabwicklung in den jeweiligen Vertragsverhältnissen zu erfolgen. D.h.: A muss sich zunächst an B halten.

2. Dahinter stehende Wertung: Jede Partei soll sich nur mit der auseinander setzen, die sie sich selbst als Vertragspartner ausgesucht hat. Das bedeutet im Einzelnen:

- jeder Partei sollen die Einwendungen aus ihrem Kausalverhältnis erhalten bleiben
- jede Partei soll vor Einwendungen aus einem anderen Kausalverhältnis geschützt werden
- jede Partei trägt das Insolvenzrisiko des von ihr ausgesuchten Vertragspartners (vgl. H/W, BereicherungsR, Rn. 310 ff.).
- der gutgläubige Erwerb soll nicht aus den Angeln gehoben werden

---

Im Beispielsfall mit den zwei nichtigen Kaufverträgen kommt es somit zur Kondiktion der Kondiktion: A kann von B aus § 812 I 1, 1.Alt die Abtretung seines Kondiktionsanspruchs gegen C verlangen. Aber auch das ist wegen der Kumulation der Risiken problematisch. Nach einer Ansicht soll B daher auch nicht die Abtretung des Kondiktionsanspruchs, sondern von vornherein Wertersatz nach § 818 II schulden

VII. Gesetzliche Schuldverhältnisse

§§ 812 ff.

Basics ZR
Karte 64

Der Grundtatbestand der Leistungskondiktion ist in § 812 I 1, 1.Alt. geregelt. Weitere Fälle der Leistungskondiktion sind die §§ 812 I 2, 1.Alt., 812 I 2, 2.Alt. und § 817 S.1.

Was sind die Voraussetzungen der Leistungskondiktion nach § 812 I 1, 1.Alt.?

Die Voraussetzungen der Leistungskondiktion sind:

1. Etwas erlangt

Hierunter ist *jeder Vermögensvorteil* zu verstehen: Erwerb von Rechten aller Art (Forderungen, Eigentum, Besitz, Anwartschaftsrecht) und sonstige vorteilhafte Rechtsstellungen (z.B. Grundbuchposition), Befreiung von Verbindlichkeiten oder Gebrauchs- und Nutzungsvorteile (vgl. ausführlich zum Bereicherungsgegenstand: H/W, BereicherungsR, Rn. 83 ff.).

2. Durch Leistung

Hierunter versteht man *jede bewusste und zweckgerichtete Mehrung fremden Vermögens*. Aufgrund dieser doppelten Finalität des Leistungsbegriffs stehen Anspruchsinhaber und -gegner bei der Leistungskondiktion automatisch fest. Denn das Vorliegen einer Leistung bestimmt sich nach dem objektiven Empfängerhorizont. Das Merkmal „auf dessen Kosten" hat daher bei § 812 I 1, 1.Alt. keine selbständige Bedeutung, weil es nur im Rahmen des § 812 I 1 Alt.2 BGB gebraucht wird, um den Anspruchsinhaber festzustellen (vgl. ausführlich zum Leistungsbegriff: H/W, BereicherungsR, Rn. 124 ff.).

3. Ohne rechtlichen Grund

Der Anspruch aus § 812 I 1, 1.Alt. besteht nur, wenn es *objektiv an einem die Vermögensverschiebung rechtfertigenden Grund fehlt*. Hier müssen sämtliche in Betracht kommenden (auch gesetzliche) Schuldverhältnisse auf ihr Bestehen hin überprüft werden (vgl. H/W, BereicherungsR, Rn. 250 ff.).

Innerhalb des Prüfungspunktes „ohne rechtlichen Grund" ist strittig, ob nach erfolgter Anfechtung § 812 I 1, 1.Alt. (wegen der ex tunc Wirkung nach § 142 I) oder § 812 I 2, 2.Alt. (späterer Wegfall des rechtlichen Grundes) einschlägig ist. In der Klausur ist das Problem ausschließlich im Fall des § 814 zu diskutieren. Nur dort ist der Streit erheblich, da § 814 im Rahmen des § 812 I 2, 1.Alt. von vornherein nicht zur Anwendung kommt. In allen anderen Fällen können Sie den Streit, so Sie ihn überhaupt erwähnen, dahingestellt sein lassen (vgl. dazu H/W, BereicherungsR, Rn. 260 ff.).

VII. Gesetzliche Schuldverhältnisse
§§ 812 ff.

Basics ZR
Karte 65

Unter Leistung i.S.d. §§ 812 ff. ist jede bewusste, zweckgerichtete Mehrung fremden Vermögens zu verstehen.

Aus wessen Sicht ist zu entscheiden, ob eine Leistung vorliegt?
Insbesondere in welcher Fallgruppe wirkt sich diese Problematik aus?

Juristisches Repetitorium
examenstypisch • anspruchsvoll • umfassend **hemmer**

Zu diesem Problem werden im wesentlichen *zwei Auffassungen* vertreten:

1. Der Wille des Leistenden

Nach e.A. soll es auf den Willen des Leistenden ankommen. Hierfür wird insbesondere der *Wortlaut des § 267 I* ausgeführt, der nahe legt, dass immer die Vorstellung des Leistenden selbst maßgebend sei.

2. Die Sicht des Zuwendungsempfängers

Nach heute h.M. ist dagegen wie bei der Auslegung von Willenserklärungen der *objektive Empfängerhorizont* maßgebend, §§ 133, 157. Hierfür sprechen vor allem *Vertrauensschutzgesichtspunkte* und der *Gedanke einer gerechten Risikoverteilung.*

Die unterschiedlichen Auffassungen werden vornehmlich **im Dreipersonenverhältnis bei den sog. Subunternehmerfällen** relevant.

Die Konstellation ist regelmäßig folgende:

Der Bauherr B bestellt bei dem Unternehmer U ein schlüsselfertiges Haus. U kauft bei X im Namen des B Materialien, die X wortlos liefert und dann eingebaut werden. Nachdem U nicht zahlt und auch B den Vertrag nicht genehmigt, will X aus § 812 gegen B vorgehen.

- Lässt man den *Willen des Leistenden* maßgeblich sein, hat X gegen B den Anspruch aus § 812 I 1, 1.Alt. Im Rahmen des § 818 III stellt sich dann die Frage, in wieweit sich B bzgl. der Zahlung an U auf Entreicherung berufen kann.
- Die h.M. verneint dagegen § 812 I 1, 1.Alt., da nach dem *objektiven Empfängerhorizont* eine Leistung des U vorliegt. §§ 951, 812 I 1, 2.Alt. scheitert dann am Vorrang der Leistungskondiktion. X muss sich an seinen Vertragspartner U halten (vgl. H/W, BereicherungsR, Rn. 148 ff.).

Medicus vertritt hier eine vermittelnde Ansicht: X kann gegen B aus der Leistungskondiktion vorgehen, sofern B noch nicht an U gezahlt hat, denn in diesem Fall bedarf es eines Schutzes des B nicht. Hat B dagegen schon gezahlt, so bleiben dem X auch nach Medicus nur seine Ansprüche gegenüber U.

VII. Gesetzliche Schuldverhältnisse
§§ 812 ff.

Basics ZR
Karte 66

> § 812 I 2, 2.Alt. regelt den Fall, dass der mit der Leistung bezweckte Erfolg nicht eintritt, sog. condictio ob rem.
>
> Hiermit kann aber nicht die Erfüllung der Verbindlichkeit an sich gemeint sein, denn dieser Fall wird ja schon von dem Grundtatbestand der Leistungskondiktion nach § 812 I 1, 1.Alt. erfasst.

Was sind die Voraussetzungen der Zweckkondiktion und welche beiden Fälle werden nach h.M. von § 812 I 2, 2.Alt. erfasst?

Juristisches Repetitorium
examenstypisch • anspruchsvoll • umfassend **hemmer**

§ 812 I 2, 2.Alt. verlangt, dass zwischen den Parteien eine (wenigstens stillschweigende) Einigung über die Zweckbestimmung erreicht worden ist.

Hierfür reicht eine *einseitige Erwartungshaltung* grundsätzlich nicht aus (in einem solchen Fall ist ggfs. die Störung der Geschäftsgrundlage i.S.d. § 313 einschlägig). Andererseits darf die Zweckabrede auch *nicht Vertragsinhalt* geworden sein, denn sonst läge eine aufschiebende oder auflösende Bedingung vor. Liegt nach alledem eine Erfolgsabrede zwischen den Parteien vor, kommen für § 812 I 2, 2.Alt. **zwei Konstellationen** in Betracht:

1. Die vereinbarte Zweckbestimmung ist alleinige Grundlage der Leistung.

Schlägt dieser bezweckte Erfolg fehl, kann die Leistung zurückgefordert werden. Bsp.: Hingabe eines Schuldscheins in Erwartung der Zahlung, die dann unterbleibt. Oder: Leistung aufgrund eines schwebend unwirksamen Vertrages in Erwartung der Genehmigung, die dann doch nicht erteilt wird.

2. Die vereinbarte Zweckbestimmung tritt neben einen anderen Rechtsgrund.

Dies sind vor allem die Fälle, in denen der Betreffende versucht, den Empfänger durch seine Leistung zu einem bestimmten (nicht geschuldeten) Verhalten zu motivieren, z.B. Erbeinsetzung, Vermächtnis, Adoption.

Selbst wenn für die Erfüllung an sich eine causa vorhanden ist, kann die Leistung nach Wegfall bzw. Nichteintritt des mit ihr bezweckten Erfolgs zurückgefordert werden (vgl. H/W, BereicherungsR, Rn. 280 ff.).

> **Für die condictio ob rem gilt der Ausschlusstatbestand des § 815, bei dem es sich ebenfalls um eine spezielle Ausprägung des Grundsatzes von Treu und Glauben handelt (vgl. zum Ausschlusstatbestand des § 815: H/W, BereicherungsR, Rn. 438 ff.)**

VII. Gesetzliche Schuldverhältnisse

§§ 812 ff.

Basics ZR
Karte 67

Der Vorrang der Leistungsbeziehung ist einer der tragenden Grundsätze des Bereicherungsrechts. Aber: keine Regel ohne Ausnahme. Eine solche wird von der h.M. insbesondere dann zugelassen, wenn sich der Bereicherungsanspruch als ein Rechtsfortwirkungsanspruch zu § 985 darstellt. Das ist z.B. der Fall bei §§ 951, 812 I 1, 2.Alt.

Erläutern Sie, inwiefern in manchen Konstellationen bei §§ 951, 812 I 1, 2.Alt. eine Ausnahme vom Grundsatz des Vorrangs der Leistungsbeziehung in Betracht kommen kann.

Juristisches Repetitorium
examenstypisch • anspruchsvoll • umfassend **hemmer**

Die klassische Entscheidung zu dieser Problematik ist der **sog. Jungbullenfall** (BGHZ 55, 176) (vgl. H/W, BereicherungsR, Rn. 313): Zwei dem Eigentümer gestohlene Jungbullen werden an einen Fleischfabrikanten verkauft und von diesem zu Konserven verarbeitet.

- Der Eigentümer macht den Anspruch aus §§ 951, 812 I 1, 2.Alt. geltend. *Da zwischen dem Dieb und dem Fleischfabrikanten eine Leistungsbeziehung besteht, könnte der Anspruch an der Subsidiarität der Nichtleistungskondiktion scheitern.*
- Dagegen spricht aber, dass der Eigentümer vor Verarbeitung der Tiere wegen § 935 I jederzeit die Herausgabe nach § 985 von dem Fabrikanten hätte verlangen können. Eine Einwendung wegen des an den Dieb gezahlten Kaufpreises hätte dem Fabrikanten gegenüber dem Eigentümer nicht zugestanden.
- *Diese Wertung muss dann aber auch im Rahmen der §§ 951, 812 I 1, 2.Alt. gelten, da diese nur den Anspruch aus § 985 fortsetzen.* Dem Eigentümer steht gegen den Fabrikanten die Eingriffskondiktion zu. Auch im Rahmen des § 818 III kann sich Letzterer nicht auf den gezahlten Kaufpreis berufen.
- Dieses Ergebnis kann man aber auch noch anders begründen. Wegen § 935 I konnte der Dieb dem Fabrikanten nicht das Eigentum, sondern *nur den Besitz leisten*. Insofern kann eine *Eingriffskondiktion bzgl. des Eigentums* dann auch nicht am Grundsatz der Subsidiarität scheitern, da das Eigentum gar nicht durch Leistung erlangt wurde. Nach dieser vor allem vom Medicus vertretenen Begründung liegt eine Ausnahme vom Vorrang der Leistungsbeziehung dann noch nicht einmal vor.

> Ähnliche Fragen tauchen auf, wenn unter Eigentumsvorbehalt geliefertes Material auf dem Grundstück des Eigentümers von einem Bauunternehmer eingebaut wird. Findet vorher keine Übereignung statt, müsste man den Anspruch des Vorbehaltsverkäufers gegenüber dem Eigentümer aus §§ 951, 812 I 1, 2.Alt. an sich bejahen. Diesen Weg geht die h.M. aber für den Regelfall nicht, wenn nämlich zuvor ein (kondiktionsfester) gutgläubiger Erwerb vom Nichtberechtigten in Betracht gekommen wäre.
>
> Es kann nämlich keinen Unterschied machen, ob erst übereignet oder sofort eingebaut wird. Dagegen ist der Anspruch aus §§ 951, 812 I 1, 2.Alt. gegeben, wenn auch ein Erwerb vom Nichtberechtigten (an § 935 I oder wegen fehlender Gutgläubigkeit) gescheitert wäre. Der neue Eigentümer ist dann ja auch nicht schutzwürdig, so dass gegen die Eingriffskondiktion keine Bedenken bestehen (vgl. H/W, BereicherungsR, Rn. 316).

VII. Gesetzliche Schuldverhältnisse
§§ 812 ff.

Karte 68

> § 817 S.2 schließt nicht nur die Kondiktion nach § 817 S.1 aus, sondern gilt auch für alle Leistungskondiktionen des § 812. Die Vorschrift wäre ansonsten bedeutungslos, da neben § 817 S.1 regelmäßig auch § 812 I 1, 1.Alt. gegeben ist. Ein wichtiger Anwendungsbereich des § 817 S.2 ist das Wucherdarlehen bzw. der sittenwidrige Ratenkredit. Dass der Sittenwidrigkeitsvorwurf hier nur dem Leistenden zu machen ist, kann das Eingreifen der Vorschrift nicht hindern (Erst-recht-Schluss).

Wie wirkt sich § 817 S.2 bei der Rückforderung der Darlehensvaluta, wie beim Nutzungsersatz nach § 818 I aus?

1. Rückforderung der Darlehensvaluta

§ 817 S.2 steht der Rückforderung der Darlehensvaluta nicht entgegen. *Begründung: Leistung i.S.d. § 817 S.2 ist nur das, was endgültig im Vermögen des Empfängers verbleiben sollte.* Beim Darlehen ist aber von Seiten des Darlehensgebers nur die Überlassung auf Zeit geschuldet. Daher ist die Rückforderung selbst auch nur für diese Zeit ausgeschlossen. Danach kann die Valuta gemäß § 812 I 1, 1.Alt. kondiziert werden, wobei sich der Empfänger nicht auf § 818 III berufen kann, da an der generellen Verpflichtung zur Rückgewähr ja kein Zweifel bestehen kann.

2. Nutzungsersatz gemäß § 818 I

Zinsen sind grundsätzlich Nutzungen i.S.d. § 818 I. Würde man einen Anspruch des Darlehensgebers auf Ersatz der Nutzungen bejahen, so erhielte er im Ergebnis den marktüblichen Zins. Der Abschluss eines Wucherdarlehens wäre für den Darlehensgeber mit keinerlei Risiko verbunden.

Die h.M. lehnt deshalb einen Anspruch des Wucherers auf Ersatz der Nutzungen ab. Begründet wird dies mit § 817 S.2 selbst, der quasi an die Stelle des Rechtsgrundes trete. Nach a.A. (vor allem Medicus) hat der Darlehensgeber einen Anspruch auf ein angemessenes Entgelt. Hiergegen spricht aber, dass dies im Ergebnis auf eine (grundsätzlich unzulässige) *geltungserhaltende Reduktion* hinausläuft (vgl. H/W, BereicherungsR, Rn. 452 f.).

Bei § 817 S.2 müssen Sie immer auch daran denken, dass eventuell eine Einschränkung durch § 242 in Betracht kommt. Dies wird vor allem vom BGH in den Schwarzarbeiterfällen angenommen, um den i.d.R. vorleistenden und sozial schwächeren Schwarzarbeiter nicht völlig schutzlos zu stellen (vgl. zu der Einschränkung des § 817 S.2: H/W, BereicherungsR, Rn. 454.

VII. Gesetzliche Schuldverhältnisse
§§ 812 ff.

Basics ZR
Karte 69

Fälle der Nichtleistungskondiktion des § 812 I 1, 2.Alt. sind insbesondere die Eingriffs-, Rückgriffs- und Verwendungskondiktion. Dabei ist die Eingriffskondiktion von den dreien sicherlich der wichtigste Fall des § 812 I 1, 2.Alt., da für den Regress und für den Verwendungsersatz häufig Sondervorschriften bestehen, die dem Bereicherungsrecht natürlich vorgehen.

Nennen Sie die Voraussetzungen der Eingriffskondiktion gem. § 812 I 1, 2.Alt.

Juristisches Repetitorium
examenstypisch • anspruchsvoll • umfassend **hemmer**

Die Voraussetzungen der Eingriffskondiktion sind:

1. Etwas erlangt

Hier gilt dasselbe wie bei der Leistungskondiktion. Erlangtes etwas kann *jeder Vermögensvorteil* sein.

2. in sonstiger Weise, hier durch Eingriff

Wann ein Eingriff i.S.d. § 812 I 1, 2.Alt. vorliegt, ist umstritten. Wurde früher z.T. auf die Rechtswidrigkeit eines Verhaltens abgestellt, so gilt nach heute ganz h.M. die *Lehre vom Zuweisungsgehalt*. Hiernach muss für jeden Einzelfall festgestellt werden, ob die in Rede stehende Position einen Zuweisungsgehalt hat, d.h., ob nach der maßgebenden rechtlichen Güterzuordnung die Bereicherung beim Empfänger verbleiben soll oder dem potenziellen Bereicherungsgläubiger gebührt. Diese Zuordnung ist unproblematisch, wenn das Gesetz selbst die Anwendung des Bereicherungsrechts vorsieht, z.B. § 951. *Einen Zuweisungsgehalt haben selbstverständlich die „klassischen" absoluten Rechte wie das Eigentum oder die beschränkt dinglichen Rechte.* Daneben gewinnt hier zunehmend auch das allgemeine Persönlichkeitsrecht an Bedeutung, so dass Persönlichkeitsverletzungen durch die Presse ggfs. Ausgleichsansprüche nach den §§ 812 ff. begründen können.

3. auf dessen Kosten

Die Prüfung dieses Merkmals ist im Gegensatz zur Leistungskondiktion hier erforderlich, kann aber, wenn man der *Lehre vom Zuweisungsgehalt folgt, praktisch nicht getrennt vom Eingriff festgestellt werden.*

4. ohne Rechtsgrund

Hier ist zu prüfen, ob für die eigentlich einem anderen zugewiesene Vermögensposition ausnahmsweise ein Behaltensgrund besteht. *I.d.R. indiziert aber das Vorliegen eines Eingriffs nach den o.g. Grundsätzen die Rechtsgrundlosigkeit.* Bsp.: Bei Verarbeitung besteht nach §§ 951, 812 I 1, 2.Alt. i.d.R. ein Anspruch des früheren Eigentümers auf Wertersatz. Anders nur, wenn dieser der Verarbeitung zugestimmt hat, da dann ein Rechtsgrund i.S.d. § 812 I 1, 2.Alt. vorliegt (vgl. H/W, BereicherungsR, Rn. 320 ff.).

Fragen der Eingriffskondiktion stellen sich auch in den sog. Untermietfällen, wenn der Vermieter den Erlös aus der unberechtigten Untervermietung für sich beansprucht. Die Rspr. lehnt neben der angemaßten Eigengeschäftsführung (§ 687 II) und § 816 I 1 auch einen Anspruch aus § 812 I 1, 2.Alt. ab, da es an einem Eingriff in den Zuweisungsgehalt einer Position des Vermieters fehle, da dieser die Wohnung ja nicht noch einmal an einen Dritten vermieten könne (Lesen Sie hierzu den ausführlichen Fall in H/W, Schuldrecht III, Rn. 71 f.).

VII. Gesetzliche Schuldverhältnisse

§ 816 I 1

Basics ZR
Karte 70

> § 816 I 1 regelt die Erlösherausgabe bei Verfügung eines Nichtberechtigten. An dieser Stelle erfolgt der Ausgleich, der aufgrund der Möglichkeit des gutgläubigen Eigentumserwerbs erforderlich ist. Generell gilt: Das Bereicherungsrecht darf die Vorschriften über den gutgläubigen Erwerb nicht aus den Angeln heben. Das betrifft aber nur Ansprüche gegenüber dem Erwerber selbst. An den Veräußerer soll sich der wahre Berechtigte selbstverständlich halten dürfen. Systematisch stellt § 816 I 1 einen Spezialfall der Eingriffskondiktion dar.

Was sind die Voraussetzungen des § 816 I 1 und was gilt hinsichtlich des Umfangs des Herausgabeanspruchs?

Juristisches Repetitorium
examenstypisch • anspruchsvoll • umfassend **hemmer**

Die Voraussetzungen des § 816 I 1 sind (vgl. H/W, BereicherungsR, Rn. 366 ff.):

1. Verfügung eines Nichtberechtigten.

Unter einer *Verfügung versteht man jedes Rechtsgeschäft, das durch Übertragung, Aufhebung oder Belastung eines Rechts die Rechtslage unmittelbar ändert* (allgemeine Definition der Verfügung).

- Bsp.: Eigentumsübertragung, Belastung mit einer Hypothek.

Nach h.M. aber nicht die unberechtigte Untervermietung, da dem Abschluss eines Mietvertrages nur relative Wirkung zukommt. Der Verfügende muss Nichtberechtigter sein. Das ist in Fällen des § 185 nicht der Fall.

2. Wirksamkeit der Verfügung gegenüber Berechtigten

Die Verfügung muss dem Berechtigten gegenüber wirksam sein. Daran fehlt es in Fällen des Abhandenkommens, § 935 I. Der wahre Berechtigte hat dann allerdings die Möglichkeit, die Verfügung nachträglich zu genehmigen. *Eine solche Genehmigung betrifft aber nicht den Tatbestand des § 816 I 1, sondern nur die Rechtsfolgen.*

3. Entgeltlichkeit der Verfügung

Fehlt die Entgeltlichkeit, besteht nach § 816 I 2 ein Anspruch gegenüber dem Erwerber.

4. Umfang der Herausgabepflicht (vgl. H/W, BereicherungsR, Rn. 383 f.)

Der Veräußerer hat das durch die Verfügung Erlangte herauszugeben. Liegt der Veräußerungserlös unter dem objektiven Wert der Sache, kann sich der Veräußerer bei Gutgläubigkeit auf § 818 III berufen. Das ist unstreitig. *Umstritten ist der Fall, dass der Veräußerungserlös den objektiven Wert der Sache übersteigt:*

Nach Medicus hat der Veräußerer auch hier nur den objektiven Wert zu ersetzen. Argumentation: Erlangt sei die Befreiung von der Verbindlichkeit, diese könne nicht in natura herausgegeben werden, also sei über § 818 II Wertersatz zu leisten. Anders die ganz *h.M.,* wonach der Veräußerer auch einen *eventuellen Mehrerlös herausgeben* muss. Argumentation: Wortlaut der Vorschrift und das Verhältnis von § 816 I 1 und § 816 I 2.

Obwohl § 816 I 1 zu Recht im Bereicherungsrecht steht, wird die Vorschrift häufig relevant in Fällen, die ihren Schwerpunkt ansonsten im Sachenrecht haben. Bei gutgläubigem Erwerb vom Nichtberechtigten müssen Sie immer sofort auch an § 816 I 1 denken. Bei Bösgläubigkeit des Veräußerers kommen zudem die §§ 989, 990 und Ansprüche aus angemaßter Eigengeschäftsführung in Betracht (vgl. zu einer typischen Fallkonstellation: H/W, SachenR II, Rn. 94).

VII. Gesetzliche Schuldverhältnisse
§ 816 I 2

Basics ZR
Karte 71

Im Gegensatz zu § 816 I 1 regelt § 816 I 2 den Fall einer unentgeltlichen Verfügung. Das Gesetz lässt hier selbst den Durchgriff zu. Da der Dritte kein Vermögensopfer erbracht hat, kann es ihm zugemutet werden, den erlangten Gegenstand an den Berechtigten herauszugeben. § 816 I 2 stellt folglich eine Ausnahme von dem Grundsatz dar, dass durch das Bereicherungsrecht der gutgläubige Erwerb nicht aus den Angeln gehoben werden darf.

Wie unterscheidet sich § 816 I 2 von § 822 ?

§ 816 I 2 und § 822 betreffen beide den Fall einer *unentgeltlichen Verfügung*. **Der Unterschied besteht in der Person des Verfügenden: Bei § 816 I 2 verfügt ein Nichtberechtigter, bei § 822 dagegen ein dinglich Berechtigter.** Allerdings ist dieser einem Kondiktionsanspruch ausgesetzt.

- Bsp.: A verkauft eine Sache an B, die dieser dem C schenkt.

Ficht A später nur den Kaufvertrag an, ist das ein Fall des § 822, da B als Kondiktionsschuldner die Sache verschenkt hat.

Kann A dagegen aufgrund von Fehleridentität auch das Verfügungsgeschäft anfechten, wird B nach § 142 I rückwirkend zum Nichtberechtigten. In diesem Fall kann A die Sache von C aus § 816 I 2 herausverlangen.

Der Anspruch aus § 822 unterliegt allerdings noch einer *Einschränkung:* Er setzt voraus, dass sich der *primäre Kondiktionsschuldner wegen der unentgeltlichen Verfügung erfolgreich auf § 818 III berufen kann*.

Dies kann er dann nicht, wenn Rechtshängigkeit eingetreten ist (§ 818 IV BGB) oder er bösgläubig ist (§ 819 I BGB) und (!) nach den allgemeinen Vorschriften haftet (bei Geldschulden: Gedanke des § 276 BGB, bei Sachschulden §§ 292, 989 BGB).

§ 822 ist damit lediglich eine *Aushilfshaftung* und führt nicht etwa zu einem gesamtschuldnerähnlichen Verhältnis zwischen den möglichen Anspruchsgegnern (vgl. H/W, BereicherungsR, Rn. 390).

Die Konzeption des § 822 als Aushilfshaftung kann zu eigenartigen Konsequenzen führen:

Kauft ein Dieb mit gestohlenem Geld einen Pelzmantel, den er seiner gutgläubigen Freundin schenkt, haftet diese nicht nach § 822, da der Dieb sich wegen § 819 I nicht auf Entreicherung nach § 818 III berufen kann. Der Dritte steht bei § 822 also besser, wenn er von einem bösgläubigen Dieb beschenkt wird, als wenn die Zuwendung von einem gutgläubigen Kondiktionsschuldner erfolgt. Das Ergebnis ist seltsam, entspricht aber der wortgetreuen Anwendung des § 822 (vgl. H/W, BereicherungsR, Rn. 427).

VII. Gesetzliche Schuldverhältnisse

§ 823

Sowohl das Bereicherungsrecht als auch das Deliktsrecht sind Ausgleichsmodi. Allerdings ist der Blickwinkel ein anderer: Das Bereicherungsrecht will abschöpfen, was der Anspruchsgegner rechtsgrundlos zu viel hat. Daher auch die Regelung des § 818 III. Es wird auf den Schuldner abgestellt. Er hat etwas erlangt, er haftet u.U. verschärft.

Das Deliktsrecht stellt dagegen darauf ab, was der Anspruchssteller infolge der unerlaubten Handlung zu wenig hat. Diesen Schaden hat der Anspruchsgegner nach den §§ 249 ff. auszugleichen. Im Deliktsrecht wird also auf den Gläubiger abgestellt. Er ist verletzt, er hat den Schaden.

Nach welchem Schema ist § 823 I grundsätzlich zu prüfen?

1. Anwendbarkeit

Grds. Vorrang der §§ 989, 990, Arg. § 993 I a.E:; Ausnahmen: § 992, die Fälle des § 826 BGB sowie des Fremdbesitzerexzesses.

2. Rechtsgutverletzung

§ 823 I enthält keine deliktische Generalklausel, insbesondere das Vermögen als solches ist nicht geschützt (anders nur bei §§ 823 II, 826).

3. Verletzungshandlung

Positives Tun oder Unterlassen, die Abgrenzung hat nach dem Schwerpunkt der Vorwerfbarkeit zu erfolgen.

4. Haftungsbegründende Kausalität zwischen Handlung und Rechtsgutverletzung

5. Rechtswidrigkeit

Nach der Lehre vom Erfolgsunrecht grds. indiziert, anders nach der Lehre vom Handlungsunrecht.

6. Verschulden

Grds. genügt bereits einfache Fahrlässigkeit

7. Schaden

Bzgl. des Umfangs gelten die §§ 249 ff.

8. Haftungsausfüllende Kausalität zwischen Rechtsgutverletzung und Schaden

9. Evtl. Mitverschulden, § 254

10. Verjährung, §§ 195, 199 II BGB

Vertragliche und deliktische Ansprüche bestehen grundsätzlich selbständig nebeneinander und unterliegen ihren eigenen Voraussetzungen. Das gilt auch für die Verjährung, wobei im Einzelfall eine kurze vertragliche Verjährung auf den deliktischen Anspruch durchschlagen kann. Das wird beispielsweise bei § 548 angenommen. Ein ähnliches Abgrenzungsproblem stellt sich bei vertraglichen Haftungsprivilegierungen. Im Einzelfall kann hiervon auch ein deliktischer Anspruch erfasst werden. Die h.M. nimmt dies für die Fälle an, in denen die vertragliche Haftungsmilderung ansonsten jede Bedeutung verlöre, da regelmäßig ein konkurrierender Deliktsanspruch besteht. Es handelt sich aber immer um Ausnahmen, die in der Klausur extra begründet werden müssen (vgl. H/W, DeliktsR I, Rn. 101a ff.).

VII. Gesetzliche Schuldverhältnisse

§ 823 I: sonstige Rechte

Karte 73

Neben den in § 823 I explizit genannten Rechten kommt ferner die Verletzung eines sonstigen Rechtes in Betracht.

Um das Enumerativprinzip des § 823 I nicht zu unterlaufen und auf diese Weise doch zu einer deliktischen Generalklausel zu kommen, muss der Kreis der sonstigen Rechte eingegrenzt werden.

Welche Voraussetzungen müssen generell erfüllt sein, um von einem sonstigen Recht i.S.d. § 823 I sprechen zu können?

Welche „sonstigen Rechte" i.S.d. § 823 I kennen Sie?

Aus dem Vergleich mit den aufgezählten Rechtsgütern ergibt sich, dass als sonstige Rechte **nur absolute und ausschließliche Rechte** in Betracht kommen. Das sonstige Recht muss quasi eigentumsähnlich sein, indem es nicht nur eine **(negative) Ausschlussfunktion**, sondern auch eine **(positive) Nutzungsfunktion** aufweist.

Als *sonstige Rechte i.S.d. § 823 I* sind anerkannt:

- dingliche Rechte: z.B. Pfandrechte, Anwartschaftsrechte, Dienstbarkeiten
- Besitz

    Voraussetzung ist aber, dass dieser eigentumsähnlich ist, also insbesondere Nutzungsfunktion hat. Es muss sich daher um Besitz mit Besitzberechtigung handeln. Teilweise wird daher auch vertreten, nicht der Besitz selbst werde von § 823 I geschützt, sondern das obligatorische Recht zum Besitz (vgl. Medicus, Rn. 607, der sogar nur den entgeltlich erlangten Besitz schützen will, da nur dann kein Nutzungsersatz gegenüber dem Eigentümer geschuldet ist).

- eingerichteter und ausgeübter Gewerbebetrieb
- allgemeines Persönlichkeitsrecht
- räumlich-gegenständlicher Bereich der Ehe

    Einen allgemeinen deliktischen Anspruch wegen Störung der Ehe lehnt die Rspr. ab. Argument ist hier vor allem, dass sich Ansprüche gegenüber dem außen stehenden Dritten und dem ungetreuen Ehegatten im Ergebnis nicht trennen lassen. *Die vermögensrechtlichen Folgen der Ehe seien aber vom Gesetz abschließend geregelt.* Die Rspr. gewährt einen Anspruch aus § 823 I nur für den Fall, dass der räumlich-gegenständliche Bereich der Ehe tangiert ist, wenn beispielsweise der Ehegatte den Freund oder die Freundin mit in die Wohnung bringt. In der Literatur wird dagegen vertreten, dass der treue Ehegatte aus § 823 I wenigstens Ersatz des Abwicklungsinteresses (also vor allem Scheidungskosten) verlangen könne (H/W, DeliktsR I, Rn. 43 ff.).

Dagegen stellt eine Forderung nach h.M. kein sonstiges Recht i.S.d. § 823 I dar, da es sich eben um den typischen Fall eines relativen Rechts handelt. Gleiches gilt auch für die Forderungszuständigkeit, da sie nach h.M. von der Forderung selbst nicht getrennt werden kann. Grundsätzlich gilt: Bejahen Sie in der Klausur nicht vorschnell ein sonstiges Recht, wenn keine der anerkannten Fallgruppen vorliegt. § 823 I soll gerade keine deliktische Generalklausel sein.

VII. Gesetzliche Schuldverhältnisse

§ 823 I: Unterlassen als Verletzungshandlung I

Basics ZR — Karte 74

> Die Verletzungshandlung im Rahmen des § 823 I kann sowohl in einem positiven Tun als auch einem Unterlassen bestehen. Die Abgrenzung erfolgt nach dem Schwerpunkt der Vorwerfbarkeit.

Nur wann ist Unterlassen eine taugliche Verletzungshandlung i.S.d. § 823 I ?

Juristisches Repetitorium
examenstypisch · anspruchsvoll · umfassend **hemmer**

Ein Unterlassen ist dann rechtserheblich, wenn für den Unterlassenden eine Pflicht zum Handeln besteht.
Außerdem muss die Garantenstellung gerade gegenüber dem Geschädigten bestehen. Eine solche Garantenpflicht kann sich ergeben aus:

1. Vertrag

Bsp.: Ein angestellter Wachmann sieht tatenlos zu, wie in das zu bewachende Gebäude eingebrochen wird. Hier begeht der Wachmann selbst eine Eigentumsverletzung, da er gerade kraft Vertrages zur Verhinderung von Diebstählen verpflichtet war.

2. Gesetz

Beispiele für Garantenstellungen aus Gesetz sind insbesondere die §§ 1353, 1626.

3. Verkehrssicherungspflicht

Die Garantenstellung aufgrund der allgemeinen Verkehrssicherungspflichten beruht auf dem Gedanken, dass derjenige, der eine *Gefahrenquelle schafft oder unterhält,* zur Abwendung der sich aus dieser ergebenden Gefahren verpflichtet ist. Gleiches gilt für Personen, die eine Sache beherrschen, die Dritten gefährlich werden kann, oder die gefährliche Sachen dem allgemeinen Verkehr aussetzen. Beispiele für solche Verkehrssicherungspflichten sind: Streupflicht, Treppenhausbeleuchtung, Sicherheitsvorkehrungen bei Sportveranstaltungen etc.

4. Ingerenz

Hier knüpft die Garantenpflicht an ein *vorangegangenes Tun* an. Ob dieses *rechtswidrig* gewesen sein muss, ist umstritten (vgl. H/W, DeliktsR I, Rn. 62).

Wenn Sie bei § 823 I die Verletzungshandlung in einem Unterlassen sehen, führt das dazu, dass Sie die Verkehrssicherungspflichten an zwei verschiedenen Stellen prüfen müssen: zum einen auf Tatbestandsebene zur Begründung der Garantenstellung, zum anderen, wenn Sie der Lehre vom Handlungsunrecht folgen, bei der Rechtswidrigkeit, ansonsten, wenn Sie sich der herrschenden Lehre vom Erfolgsunrecht anschließen, beim objektiven Sorgfaltsmaßstab im Rahmen des Verschuldens.
Nur auf diese Weise stellen Sie fest, ob der Eintritt des Schadens dem Schädiger letztlich zugerechnet werden kann.

VII. Gesetzliche Schuldverhältnisse

§ 823 I: Kausalitäten

Im Rahmen des § 823 I müssen Sie die Kausalität an zwei Stellen prüfen. Während die haftungsbegründende Kausalität die Frage regelt, ob zwischen der Verletzungshandlung und der Rechtsgutverletzung ein kausaler Zusammenhang besteht, wird bei der haftungsausfüllenden Kausalität geprüft, welche Schäden kausal auf der Rechtsgutverletzung beruhen. Nach h.M. unterscheiden sich die Prüfungsschritte jedoch nicht.

In welchen drei Schritten ist die Kausalität grundsätzlich zu prüfen?

Zur Prüfung der Kausalität bietet sich folgendes Vorgehen an:

1. Äquivalenz

Zunächst ist die Kausalität anhand der Äquivalenztheorie zu ermitteln:

- Danach ist ein *positives Tun* dann ursächlich für einen Erfolg, wenn es *nicht hinweg gedacht werden kann, ohne dass der konkrete Erfolg entfiele (condicio-sine-qua-non-Formel)*.
- Ein *Unterlassen* ist dagegen kausal, wenn die gebotene *Handlung nicht hinzu gedacht werden kann, ohne dass der Erfolg mit an Sicherheit grenzender Wahrscheinlichkeit entfiele*.

2. Adäquanz

Die uferlose Weite der Äquivalenztheorie wird dann durch die Adäquanztheorie eingeschränkt. Im zweiten Schritt werden *solche Kausalverläufe ausgeschieden, die sich völlig außerhalb der Lebenswahrscheinlichkeit realisiert haben, so dass mit ihnen schlechterdings nicht gerechnet werden musste*.

3. Schutzzweck der Norm

Schließlich können nur solche Rechtsgutverletzungen/Schäden dem Verhalten des Schädigers zugerechnet werden, die unter den Schutzzweck der Norm fallen, d.h. es muss sich *um Nachteile handeln, die aus dem Bereich der Gefahren stammen, zu deren Abwendung die verletzte Norm erlassen wurde* (vgl. H/W, DeliktsR I, Rn. 64 ff.).

Unterscheiden Sie bei der Kausalität zwischen der Tatsachen- und der Wertungsebene. Nur bei der Äquivalenz handelt es sich um eine Feststellung auf rein tatsächlicher Ebene. Bereits bei der Adäquanz handelt es sich um eine Frage der wertenden Zurechnung, mit der die Extremfälle ausgeschieden werden. Der eigentliche Filter erfolgt dann über den Schutzzweck der Norm. Hier müssen Sie eine am Einzelfall orientierte, umfassende Abwägung vornehmen

Nochmal: im Rahmen des § 823 I BGB müssen Sie die haftungsbegründende (zwischen Verletzungshandlung und Rechtsgutsverletzung) und die haftungsausfüllende Kausalität (zwischen Rechtsgutsverletzung und Schaden) unterscheiden. Im Gegensatz dazu gibt es im Vertragsrecht stets nur die haftungsausfüllende Kausalität zwischen Pflichtverletzung und Schaden.

VII. Gesetzliche Schuldverhältnisse

§ 823 I: Rechtfertigungsgründe

Basics ZR – Karte 76

> Die Bestimmung der Rechtswidrigkeit im Rahmen der § 823 I ist umstritten. Hier stehen sich die Lehre vom Erfolgsunrecht und die Lehre vom Handlungsunrecht gegenüber. Daneben gibt es auch vermittelnde Auffassungen.

Wie bestimmen Sie bei § 823 I die Rechtswidrigkeit?
Nennen Sie einige Rechtfertigungsgründe.

1. Nach der **Lehre vom Erfolgsunrecht indiziert die Tatbestandsmäßigkeit grundsätzlich die Rechtswidrigkeit.** Eine *Ausnahme* gilt insofern nur für die *sog. Rahmenrechte (*das Recht am eingerichteten und ausgeübten Gewerbebetrieb und das allgemeine Persönlichkeitsrecht): Hier muss die *Rechtswidrigkeit positiv* im Wege einer *umfassenden Interessen- und Güterabwägung* festgestellt werden.

2. Anders die **Lehre vom Handlungsrecht,** die nicht an den Erfolg, sondern an das Verhalten des Schädigers anknüpft. Danach soll die **Rechtswidrigkeit bei nicht vorsätzlichem Handeln nur zu bejahen sein, wenn der Betreffende gegen eine von der Rechtsordnung aufgestellte spezielle Verhaltensregel verstoßen hat.**

3. Eine **vermittelnde Ansicht** differenziert nach dem **Kriterium der Unmittelbarkeit.** Bei *unmittelbaren vorsätzlichen oder fahrlässigen Verletzungen indiziert die Tatbestandsmäßigkeit die Rechtswidrigkeit.* Gleiches gilt für vorsätzliche mittelbare Verletzungen. Nur *bei mittelbaren Verletzungen, die auf Fahrlässigkeit beruhen, ist bereits auf der Ebene der Rechtswidrigkeit ein Verstoß gegen eine Verhaltenspflicht erforderlich.* Bei der Beurteilung unmittelbar/mittelbar kommt es primär auf den äußeren Handlungsablauf, insbesondere die Zahl der vermittelnden „Zwischenursachen" an, was letztlich Wertungsfrage ist. (vgl. H/W, DeliktsR I, Rn. 81 ff.).

- Als **Rechtfertigungsgründe** kommen allgemein in Betracht (vgl. H/W, DeliktsR I, Rn. 87):

  1. Notwehr, § 227
  2. defensiver Notstand, § 228
  3. aggressiver Notstand, § 904
  4. Selbsthilferechte, §§ 229, 230, 562b, 859, 962
  5. berechtigte GoA
  6. Festnahmerecht, § 127 StPO
  7. (mutmaßliche) Einwilligung

> In der Klausur kann der Streit zwischen den verschiedenen Theorien häufig dahinstehen, da sie in den meisten Fällen zum selben Ergebnis führen. Liegt ein verkehrgerechtes Verhalten vor, fehlt es nach der Lehre vom Handlungsunrecht bereits an der Rechtswidrigkeit, wohingegen die Lehre vom Erfolgsunrecht jedenfalls das Verschulden verneinen wird. Ob aber die Verantwortlichkeit des Schädigers hier oder dort scheitert, ist in der Regel belanglos.
>
> Unterschiede können sich allenfalls ergeben beim Notwehrrecht, bei der Unterlassungs- und Beseitigungsklage und bei der Gehilfenhaftung nach § 831 BGB.

VII. Gesetzliche Schuldverhältnisse

Basics ZR

§ 823: Haftungsmilderungen

Karte 77

Im Familienrecht und im Vertragsrecht finden sich an einigen Stellen Haftungsprivilegierungen. Besteht neben anderen Ansprüchen auch ein solcher aus Delikt, stellt sich die Frage, ob die Haftungsmilderung auch für diesen gilt. Die h.M. nimmt dies an, wenn die (vertragliche) Haftungsprivilegierung ansonsten jede Bedeutung verlöre, weil regelmäßig ein konkurrierender Deliktsanspruch besteht.

Nennen Sie einige Haftungsprivilegierungen, die auch auf deliktische Ansprüche ausstrahlen können.

Nach nicht unbestrittener Auffassung können auch im Deliktsrecht folgende **Haftungsprivilegierungen** zum Zug kommen:

- § 680
- § 690
- § 599
- § 708 (Gesellschafter untereinander)
- § 1359 (Ehegatten untereinander)
- § 1664 (Eltern gegenüber Kindern) (vgl. ausführlich H/W, DeliktsR I, Rn. 101a ff.)

Unterscheiden Sie zwischen Haftungsprivilegierungen, die die Haftung für einfache Fahrlässigkeit entfallen lassen (z.B. § 680), und solchen, die die Haftung auf die diligentia quam in suis beschränken (z.B. § 708). Nach § 277 bleibt auch in diesem Fall die Haftung wegen grober Fahrlässigkeit unberührt, jedoch kann der Betreffende hier auch für einfache Fahrlässigkeit haften, falls er in seinen eigenen Angelegenheiten besonders sorgfältig ist. Fehlen allerdings in der Klausur nähere Angaben, so kann davon ausgegangen werden, dass auch bei der diligentia quam in suis die Haftung für einfache Fahrlässigkeit ausgeschlossen ist (zur diligentia quam in suis, vgl. H/W, SchadensersatzR III, Rn. 15 ff.).

Eine Besonderheit gilt für den Straßenverkehr: Hier werden die §§ 708, 1359, 1664 von der Rspr. nicht angewandt. Begründung: Im Straßenverkehr sei kein Raum für „individuelle Sorglosigkeit" bzw. es gebe hier keine eigenen Angelegenheiten, da typischerweise auch andere betroffen seien.

In der Klausur ist dann das Vorliegen eines (eventuell stillschweigend geschlossenen) Haftungsausschlusses zu diskutieren. Ggfs. stellt sich dann das Folgeproblem der gestörten Gesamtschuld.

VII. Gesetzliche Schuldverhältnisse

§ 823 I: eingerichteter und ausgeübter Gewerbebetrieb

Basics ZR
Karte 78

Das Recht am eingerichteten und ausgeübten Gewerbebetrieb ist als sonstiges Recht i.S.d. § 823 I anerkannt. Geschützt wird hierdurch das wirtschaftliche Unternehmen in seiner Gesamtheit.

Allerdings besteht hier die Gefahr der Ausuferung der Haftung und eines Eingriffs in die Privatautonomie. Denn grundsätzlich sollen sich die verschiedenen Unternehmen auf dem Wirtschaftsmarkt frei konkurrierend gegenüberstehen.

Bei dem Recht am Gewerbebetrieb kann es sich daher nur um einen Auffangtatbestand handeln.

Wie wird sowohl auf Tatbestands- als auch auf Rechtswidrigkeitsebene die Haftung wegen Verletzung des Rechts am eingerichteten und ausgeübten Gewerbebetrieb eingeschränkt?

Juristisches Repetitorium
examenstypisch · anspruchsvoll · umfassend **hemmer**

Beim Recht am eingerichteten und ausgeübten Gewerbebetrieb sind folgende haftungsbeschränkende Merkmale zu prüfen:

1. Subsidiarität

Das Recht am Gewerbebetrieb ist subsidiär gegenüber *ausdrücklich geregelten Sondertatbeständen, z.B.* aus dem UWG, dem UrhG, gegenüber den *in § 823 I ausdrücklich genannten Rechtsgütern* sowie gegenüber den *§§ 823 II, 824 ff.* Ist einer dieser Tatbestände einschlägig, ist der Rückgriff auf § 823 I unzulässig.

2. Betriebsbezogenheit

Die Rspr. verlangt für die Haftung aus § 823 I einen betriebsbezogenen Eingriff (daran fehlt es insbesondere in den sog. Stromkabelfällen). *Ein solcher liegt vor, wenn sich die Verletzungshandlung gegen den Betrieb als solchen richtet, also spezifisch in den betrieblichen Organismus oder die unternehmerische Entscheidungsfreiheit eingegriffen wird.* Beispiele sind die Blockade von Betrieben oder rechtswidrige Streiks.

3. Positive Feststellung der Rechtswidrigkeit

Bei dem Recht am Gewerbebetrieb handelt es sich um einen *sog. offenen Tatbestand,* d.h. die *Rechtswidrigkeit ist auch nach der Lehre vom Erfolgsunrecht nicht automatisch indiziert.* Erforderlich ist vielmehr eine *umfassende Güter- und Interessenabwägung*, bei der zu klären ist, ob der Schädiger gegen Gebote der gesellschaftlichen Rücksichtnahme verstoßen hat (vgl. H/W, DeliktsR I, Rn. 54 ff.).

Im Rahmen dieser Abwägung können insbesondere Grundrechte eine Rolle spielen. Denkbar ist beispielsweise eine Kollision des Rechts am Gewerbebetrieb mit dem Recht auf freie Meinungsäußerung nach Art. 5 I GG (z.B. bei Boykottaufrufen). In der Regel wird der Klausursachverhalt dann aber genügend Abwägungsmaterial enthalten, so dass Ihnen eine Entscheidung nicht schwer fallen dürfte.

VII. Gesetzliche Schuldverhältnisse

§ 823: Rahmenrechte

Basics ZR
Karte 79

Auch bei dem allgemeinen Persönlichkeitsrecht handelt es sich um einen Auffangtatbestand, für den Ähnliches wie für das Recht am Gewerbebetrieb gilt: Der Anspruch aus § 823 I wegen Verletzung der Persönlichkeit ist subsidiär gegenüber Sondertatbeständen. Die Rechtswidrigkeit muss im Rahmen einer umfassenden Interessenabwägung positiv festgestellt werden.

Welchen Schutzbereich hat das allgemeine Persönlichkeitsrecht und welche Besonderheiten gelten auf der Rechtsfolgenseite?

Juristisches Repetitorium
examenstypisch · anspruchsvoll · umfassend **hemmer**

1. Schutzbereich:

- **Die Individualsphäre** (Selbstbestimmungsrecht, persönliche Eigenart eines Menschen in seinen Beziehungen zur Umwelt, insbesondere im öffentlichen und beruflichen Wirken).
- **die Privatsphäre** (Leben im häuslichen oder familiären Bereich und das sonstige Privatleben)
- **die Intimsphäre** (innere Gedanken- und Gefühlswelt mit ihren äußeren Erscheinungsformen wie Briefe, Tagebücher oder andere Angelegenheiten, für die naturgemäß ein Anspruch auf Geheimhaltung besteht, z.B. Gesundheitszustand, Sexualleben)

2. Umfang des Anspruchs:

- Ersatz materieller Schäden, § 823 I i.V.m. §§ 249 ff.
- Beseitigung der Beeinträchtigung (z.B. Widerruf einer Tatsachenbehauptung)

  bei Verschulden: § 823 I /ohne Verschulden: § 1004 analog

- Unterlassung der Beeinträchtigung, § 1004 analog
- Schmerzensgeld

  Entgegen dem Wortlaut des § 253 gewährt die Rspr. auch bei Verletzung des allgemeinen Persönlichkeitsrechts Ersatz für immaterielle Schäden. Dieser Anspruch findet seine Grundlage direkt in den Art. 1 I, 2 I GG und ist als Ergebnis richterlicher Rechtsfortbildung verfassungsgemäß. Der Anspruch auf Schmerzensgeld besteht aber nur unter *zwei Voraussetzungen:*

  - es muss sich um eine *schwerwiegende Persönlichkeitsverletzung* handeln
  - *Genugtuung darf nach Art der Verletzung nicht auf andere Weise* (Unterlassen, Widerruf) zu erlangen sein

---

In der Klausur müssen Sie bei der Frage der Verletzung des allgemeinen Persönlichkeitsrechts eine umfassende Interessenabwägung vornehmen, wie Sie das aus dem öffentlichen Recht kennen. Auf Seiten des Schädigers kommen vor allem die Grundrechte der Meinungs- und der Pressefreiheit in Betracht. Im Falle der rücksichtslosen Kommerzialisierung der Persönlichkeit zum Zwecke der Auflagensteigerung kann als Bemessungsgrundlage für das Schmerzensgeld auch der erzielte Gewinn Berücksichtigung finden.

Denken Sie in dieser Konstellation aber auch immer an Ansprüche aus § 812 I S.1 Alt.2 und § 687 II.

VII. Gesetzliche Schuldverhältnisse

Verhältnis Mängelrecht zu Deliktsrecht

Basics ZR
Karte 80

Das Deliktsrecht ist problemlos neben den §§ 434 ff. anwendbar, sofern es sich um Mangelfolgeschäden handelt. Der Käufer kann geltend machen, ihm sei durch das fehlerhafte Produkt an einem der in § 823 I aufgezählten Rechtsgütern ein Schaden entstanden. Nicht so eindeutig ist die Rechtslage, wenn der Schaden aufgrund eines fehlerhaften Teilchens an der gekauften Sache selbst eintritt.

Unter welchen Voraussetzungen kann ein Schaden an der gekauften Sache selbst zu einer Eigentumsverletzung i.S.d. § 823 I führen?

Auszugehen ist von folgender Überlegung:

Die §§ 434 ff. schützen das Äquivalenzinteresse, d.h. die das *Interesse des Käufers an der Gleichwertigkeit von Leistung und Gegenleistung*. **Dagegen schützen die §§ 823 ff. das Integritätsinteresse,** d.h. das *Interesse des Käufers am unversehrten Fortbestand seiner sonstigen Rechtsgüter.* Wird dem Käufer aber eine mangelhafte Sache geliefert, ist dieses Interesse an sich nicht betroffen. An einer Eigentumsverletzung fehlt es, denn der Käufer hat ja nie mangelfreies Eigentum erhalten. Eine solche Beurteilung kann aber unbillig sein, wenn nur ein kleines fehlerhaftes Teil zur Zerstörung der mangelfreien Restsache führt, sog. weiter fressender Mangel.

- Die Rspr. hat daher zur Abgrenzung das **Kriterium der Stoffgleichheit** entwickelt. *Ist der entstandene Schaden mit dem dem Produkt anhaftenden Mangelunwert identisch (=stoffgleich), ist das Integritätsinteresse nicht betroffen.* Der Käufer hat nur (ggfs. verjährte) Mängelrechte, aber keinen Anspruch aus § 823 I. Positiv formuliert besteht der Anspruch aus Delikt nur dann, wenn es an der Stoffgleichheit zwischen Mangelunwert und eingetretenem Schaden fehlt.

- Für die Frage der Stoffgleichheit kann auf die *Austauschbarkeit oder Abgrenzbarkeit des fehlerhaften Teils oder dessen Wert im Verhältnis zur Gesamtsache* abgestellt werden (vgl. H/W, DeliktsR, Rn. 34 ff.).

> Hintergrund für diese Rechtsprechung waren die unterschiedlichen Verjährungsregeln der §§ 477 und 852 a.F. Fraglich ist, ob sich durch die Reform des Verjährungsrechts etwas geändert hat : Nun sind die Unterschiede in der Verjährungsfrist zwar nicht mehr so groß (zwei Jahre bei § 438 I Nr.3 ggü. drei Jahren bei § 195), allerdings bestehen nach wie vor große Unterschiede beim Verjährungsbeginn (Übergabe bei § 438 II bzw. Kenntnis des schädigenden Ereignisses bei § 199). Deshalb ist wohl von einer Fortführung dieser Rechtsprechung auszugehen.

VIII. Schadensersatzrecht

Schadensermittlung

Basics ZR
Karte 81

> Ist der Haftungstatbestand gegeben, ist noch nicht entschieden, was der Geschädigte tatsächlich verlangen kann. Das ist eine Frage des Anspruchsinhalts, den die §§ 249 ff. regeln.

Wie definieren Sie den Begriff Schaden generell und wie stellen Sie insbesondere fest, ob ein Vermögensschaden vorliegt?

1. Der Begriff des Schadens ist definiert als unfreiwillige Einbuße an rechtlich geschützten Gütern. Der Schaden kann an vermögenswerten, aber auch an immateriellen Gütern eintreten. Ein Anspruch auf Naturalrestitution (§ 249 I) besteht in beiden Fällen. Erst wenn Schadensersatz in Form der Geldentschädigung zu leisten ist, wird die Abgrenzung materieller / immaterieller Schaden relevant (vgl. § 253 I) (vgl. H/W, SchadensersatzR III, Rn. 29).

2. Ob ein Vermögensschaden vorliegt, bestimmt sich anhand der Differenzhypothese: Verglichen wird der momentane tatsächliche Wert des Vermögens mit dem, den das Vermögen ohne das schädigende Ereignis haben würde. Maßgeblich ist also nicht die Vermögenslage vor Eintritt des schädigenden Ereignisses, sondern die *hypothetische Gegenwart,* so dass insbesondere auch entgangener Gewinn zu ersetzen ist (§ 252) (vgl. H/W, SchadensersatzR III, Rn. 30 f.).

Vermeiden Sie allzu pauschales Lernen: Der Satz „Schaden ist der Vergleich der Vermögenslage vor und nach dem schädigenden Ereignis" ist ebenso falsch wie die Behauptung, immaterielle Schäden seien nach dem BGB grundsätzlich nicht ersatzfähig. Im ersten Fall wird die dynamische Betrachtungsweise im Schadensrecht verkannt, im zweiten der grundsätzlich bestehende Anspruch auf Naturalrestitution.

VIII. Schadensersatzrecht

Vorteilsanrechnung: Voraussetzungen

Basics ZR
Karte 82

> Nicht in jedem Fall führt die Ermittlung des Schadens anhand der Differenzhypothese zu befriedigenden Ergebnissen. In Ausnahmefällen ist daher auf normativer Ebene eine Korrektur vorzunehmen. Insbesondere kann es passieren, dass dem Geschädigten aus dem schädigenden Ereignis zugleich Vorteile erwachsen. Es stellt sich dann die Frage, inwieweit sich der Geschädigte i.R.d. Differenzhypothese diese Vorteile anrechnen lassen muss.

Unter welchen Voraussetzungen kommt eine Vorteilsanrechnung in Betracht?

Die Rechtsprechung macht die Vorteilsanrechnung von folgenden Voraussetzungen abhängig:

1. In tatsächlicher Hinsicht muss zwischen Schadensereignis und Vorteil ein adäquater Kausalzusammenhang bestehen. Dabei kommt es *nicht* auf die *schädigende Handlung* an, sondern auf die *Rechtsgutverletzung*. Bsp.: Werden bei einem Unfall der eine Bruder getötet und der andere verletzt, so muss sich der Verletzte auf seinen Schadensersatzanspruch erbrechtliche Vorteile durch den Wegfall des Bruders nicht anrechnen lassen. Haftungsgrund des Schädigers im Verhältnis zum Überlebenden ist dessen Gesundheitsverletzung, nicht aber der Tod des Bruders. Dass beide Rechtsgutverletzungen auf einer Handlung beruhen, ist rechtlich zufällig.

2. Bei normativer Betrachtung muss eine Anrechnung dem Zweck des Schadensersatzes entsprechen. Das ist auf beiden Seiten zu prüfen: *Der Schädiger darf nicht unbillig entlastet werden. Aus der Sicht des Geschädigten muss die Vorteilsanrechnung zumutbar sein.* Zwischen Nach- und Vorteil muss ein *innerer Zusammenhang* bestehen (vgl. H/W, SchadensersatzR III, Rn. 200 ff.).

Verstehen von Zusammenhängen: Um eine ganz ähnliche Frage handelt es sich bei der Figur des normativen Schadens, wo es gerade - anders als bei der Vorteilsanrechnung - darum geht, trotz Nichtvorliegens eines Schadens nach der Differenzhypothese einen solchen zu begründen. Eine Abgrenzung der beiden Institute ist schwierig, teilweise werden beide auch nur als zwei Seiten derselben Medaille gesehen. Wenn beispielsweise der Inhaber eines Geschäfts verletzt und dann von seiner Tochter unentgeltlich vertreten wird, so kann man einmal das Vorliegen eines Schadens normativ begründen (der Geschädigte hätte normalerweise eine Ersatzkraft einstellen müssen) oder aber man kann von einem tatsächlichen Schaden ausgehen und insofern die Frage stellen, ob die unentgeltliche Hilfe der Tochter einen anrechenbaren Vorteil darstellt. Mit beiden Konstellationen kommt man zum selben Ergebnis: Die Hilfeleistung der Tochter soll den Schädiger nicht entlasten. Der Schadensersatzanspruch des Geschädigten besteht in voller Höhe (vgl. zum normativen Schaden, H/W, SchadensersatzR III, Rn. 32 f.).

VIII. Schadensersatzrecht

Vorteilsanrechnung: Fallgruppen

Basics ZR – Karte 83

Angesichts der mit normativen Kriterien zwangsläufig verbundenen Unbestimmtheit hat die Literatur Fallgruppen gebildet, deren Kenntnis Ihnen die Bearbeitung von Fällen im Bereich der Vorteilsanrechnung wesentlich erleichtert. In aller Regel werden Sie aber mit den Kriterien der Rechtsprechung zu denselben Ergebnissen kommen, auf welche Sie jedenfalls in unbekannten Fallgestaltungen zurückgreifen sollten.

Nennen Sie die wichtigsten Fallgruppen, in denen in der Regel eine Vorteilsanrechnung ausscheidet.

Als klausurrelevante Konstellationen, in denen eine Vorteilsanrechnung nicht stattfindet, kommen insbesondere in Betracht:

1. Erbrechtlicher Erwerb (vgl. H/W, SchadensersatzR III, Rn. 207)

Zu diskutieren ist die Vorteilsanrechnung bei dem Anspruch aus § 844 II, wenn der Dritte zugleich Erbe des Getöteten wird. Sie scheidet im Ergebnis aus, wenn der Vermögensvorteil dem Dritten ohnehin zugefallen wäre. Das wird beim *Stammwert des Vermögens* häufig der Fall sein, bei den *Erträgnissen* dagegen selten, wenn man davon ausgeht, dass sie vom Erblasser verbraucht worden wären.

2. Freiwillige Leistungen Dritter (vgl. H/W, SchadensersatzR III, Rn. 208)

Auch freiwillige Leistungen Dritter können in aller Regel nicht angerechnet werden; sie verfolgen nämlich regelmäßig *nicht den Zweck, den Schädiger zu entlasten*, sondern sollen nur dem Geschädigten zugute kommen.

Etwas anderes gilt nur dann, wenn der Dritte explizit auf die Schuld des Schädigers leistet, so dass ein Fall des § 267 I vorliegt.

3. Vom Geschädigten erkaufte Vorteile (vgl. H/W, SchadensersatzR III, Rn. 210)

Häufig hat sich der Geschädigte selbst die im Zusammenhang mit dem schädigenden Ereignis stehenden Vorteile erkauft, indem er zuvor bestimmte Leistungen erbracht hat, um sich vor Schäden abzusichern. Hierher gehören vor allem die *Leistungen von Versicherungen*, aber auch die durch die Arbeitsleistung *mitverdiente Lohnfortzahlung*. Auch solche Vorteile haben gerade *nicht den Zweck, den Schädiger zu entlasten*.

4. Unterhaltsleistungen

Erfüllt der Dritte mit dem Schadensausgleich gegenüber dem Geschädigten eine Unterhaltspflicht, so greift die Vorschrift des *§ 843 IV* in direkter Anwendung ein. Eine Vorteilsanrechnung ist damit ausdrücklich unzulässig.

5. Eigene überpflichtmäßige Anstrengungen des Geschädigten (vgl. H/W, SchadensersatzR III, Rn. 218)

Eine Vorteilsanrechnung verbietet sich auch hier: Den Geschädigten trifft gegenüber dem Schädiger die Schadensminderungspflicht aus § 254 II 1: Verstößt er gegen diese Pflicht, so mindert sich sein ersatzfähiger Schaden entsprechend. Daraus ergibt sich aber zugleich, dass über diese Pflicht hinausgehende Anstrengungen des Geschädigten nicht zu einer Vorteilsanrechnung führen dürfen.

VIII. Schadensersatzrecht

Ersatz für entgangene Gebrauchsvorteile

Basics ZR
Karte 84

Wenn es um die Entschädigung in Geld geht, stellt sich die Frage, ob ein materieller oder immaterieller Schaden vorliegt, denn Letzterer ist nur ersatzfähig, sofern das Gesetz dies ausdrücklich vorsieht (in den Fällen der §§ 253 II, 611a II, 651f II und – außergesetzlich – bei Verletzung des Allgemeinen Persönlichkeitsrechts). Gleichwohl kann die Abgrenzung schwierig sein: Kann der Verletzte aufgrund des Unfalls eine bereits gekaufte Konzertkarte nicht ausnutzen, ist der entgangene Konzertgenuss sicherlich ein immaterieller Schaden. Auf der anderen Seite liegt ein Vermögensschaden in dem sinnlos gewordenen Kauf der Karte selbst.

Welcher Gedanke wurde von der Rspr. entwickelt, um auch bei Nichtvermögensschäden Geldersatz zusprechen zu können, und was gilt insbesondere bei entgangenen Gebrauchsvorteilen?

Zur Begründung eines Vermögensschadens hat die Rspr. den **sog. Kommerzialisierungsgedanken** entwickelt. *Danach gehören zum Vermögen i.S.d. Schadensersatzrechts alle Lebensgüter, die kommerzialisiert sind, d.h. im wirtschaftlichen Verkehr gegen Entgelt erworben werden können.* Der Entzug oder die Beeinträchtigung eines solchen Guts stellt auch dann einen Vermögensschaden dar, wenn sich dieser nach der Differenzhypothese nicht feststellen lässt.

Um aber die Haftung nicht ausufern zu lassen (denn schließlich gibt es heute kaum noch Güter, die nicht mit Geld erworben werden könnten), hat die Rspr., was den Ersatz entgangener Gebrauchsvorteile angeht, folgende **Einschränkungen** gemacht:

- **Die ständige Verfügbarkeit des beschädigten Gebrauchsgegenstandes muss für die eigenwirtschaftliche Lebensführung des Eigentümers von zentraler Bedeutung sein.** Das wird bejaht für das Wohnen im eigenen Haus, die Nutzung eines PKW, nicht aber für das Tragen eines Pelzmantels.
- Es muss ein **Eingriff in den Gegenstand des Gebrauchs** vorliegen. Nicht ausreichend ist also, dass der Betreffende den Gegenstand wegen einer eigenen Verletzung nicht nutzen kann. Des Weiteren muss in einem schon bestehenden Gebrauch eingegriffen werden. Daran fehlt es z.B., wenn der Nutzungsschaden daraus resultiert, dass der Werkunternehmer das Eigenheim verspätet fertig gestellt hat.
- Schließlich muss eine **fühlbare Beeinträchtigung** vorliegen, wobei insbesondere auch *Nutzungswille* und *hypothetische Nutzungsmöglichkeit* eine wichtige Rolle spielen (vgl. H/W, SchadensersatzR III, Rn. 134 ff.)..

> Der Kommerzialisierungsgedanke ist mittlerweile als Ergebnis richterlicher Rechtsfortbildung anerkannt. Abgelehnt wird dagegen die sog. Frustrationstheorie, nach der auch alle Aufwendungen, die infolge des schädigenden Ereignisses nutzlos geworden sind, einen ersatzfähigen Schaden darstellen. Konsequenz des Frustrationsgedankens wäre nämlich, dass der Umfang des zu ersetzenden Schadens von dem Aufwand der Lebensführung des Geschädigten abhinge. Mit dem Grundgedanken der Naturalrestitution hätte das nicht mehr viel zu tun.

VIII. Schadensersatzrecht

Art des Schadensersatzes

Basics ZR – Karte 85

> Die §§ 249 ff. regeln den Umfang, aber auch die Art der Wiedergutmachung. Grundlegend ist dabei die Unterscheidung zwischen Naturalrestitution und Geldentschädigung.

Welche beiden Ersatzmöglichkeiten sehen § 249 einerseits und § 251 andererseits vor? Unter welchen Voraussetzungen?

1. Grundsatz der Naturalrestitution, § 249 (vgl. H/W, SchadensersatzR III, Rn. 90 ff.)

- Gemäß § 249 I hat der Schädiger den *Zustand herzustellen, der ohne das schädigende Ereignis bestehen würde.* Der Schuldner muss Ausgleich in Natur leisten, d.h. er schuldet die Herbeiführung eines tatsächlichen Erfolgs, z.B. die Reparatur einer beschädigten Sache oder die Freistellung von einer Forderung.
- Unter den Voraussetzungen des § 249 II S.1 kann der Geschädigte auch *Geldersatz* verlangen. Auch hierbei handelt es sich um einen Anspruch auf Wiederherstellung, der einen Schadensausgleich ermöglicht, ohne dass das verletzte Rechtsgut dem Schädiger zur Naturalrestitution zur Verfügung gestellt werden muss.
- Sofern es sich um *Sachschäden* handelt, ist der Geschädigte in der Verwendung des Geldes nach h.M. frei (Dispositionsfreiheit). Er kann die Sache ggfs. selbst reparieren und Ersatz der fiktiven Herstellungskosten verlangen. Dann ist gem. § 249 II S.2 BGB die Umsatzsteuer indes nicht zu ersetzen. Anders sieht es bei *Personenschäden* aus, hier besteht eine *Zweckbindung*, da der Geschädigte andernfalls entgegen der *Wertung des § 253* aus ideellen Schäden Gewinn schöpfen könnte.

2. Ersatz durch Schadenskompensation, §§ 251 ff. (vgl. H/W, SchadensersatzR III, Rn. 129 ff.)

Während der Anspruch aus § 249 sich nach den (tatsächlichen oder fiktiven) Herstellungskosten bemisst, orientiert sich der nach den §§ 251 ff. zu leistende Schadensausgleich am *Wert- oder Summeninteresse.* Geldentschädigung ist in zwei Fällen zu leisten:

- *Unmöglichkeit oder Unzulänglichkeit der Herstellung,* wobei irrelevant ist, ob die Unmöglichkeit auf tatsächlichen oder rechtlichen Gründen beruht
- *Unverhältnismäßigkeit der Herstellung*

Diese ergibt sich regelmäßig aus einen *Vergleich zwischen dem Herstellungsaufwand und dem nach § 251 geschuldeten Geldersatz.* Für KFZ-Schäden hat die Rspr. als *Faustregel die 30% Grenze* entwickelt, wonach § 251 II anwendbar ist, wenn die Reparaturkosten den Wiederbeschaffungswert der Sache um 30% überschreiten.

Wichtig ist, dass Sie § 249 II S.1 und § 251 auseinander halten, da der Berechnungsmaßstab ein ganz anderer ist. Auch ist es in den meisten Fällen mit der bloßen Gesetzessubsumtion nicht getan, vielmehr müssen Ihnen die von der Rspr. entwickelten Grundsätze bekannt sein. Ohne sie ist die Klausurbearbeitung gerade im Schadensrecht unvollständig.

IX. Der Dritte im Schuldverhältnis
Zurechnung

Basics ZR
Karte 86

Werden Dritte beim Vertragsschluss oder generell im Rechtsverkehr eingeschaltet, stellt sich die Frage, ob, wie und unter welchen Voraussetzungen sich der Vertretene deren Verhalten zurechnen lassen muss. Bsp.: Der Vertreter sichert dem Mieter eine Eigenschaft der Mietsache zu. Ob der Vertretene hier Schadensersatz aus § 536a schuldet, hängt u.a. davon ab, ob er sich das Verhaltens seines Vertreters zurechnen lassen muss.

1. **Grenzen Sie § 164 I und § 166 I voneinander ab?**
2. **In welchen Fällen ist § 166 (analog) auch außerhalb des Vertragsschlusses anwendbar!**

Juristisches Repetitorium
examenstypisch • anspruchsvoll • umfassend **hemmer**

1. **§ 164** regelt die Frage, unter welchen Voraussetzungen eine vom Vertreter abgegebene Willenserklärung für den Vertretenen wirkt. Es geht also um die **„Zurechnung" von Willenserklärungen.** § 164 I ist daher einschlägig, wenn es - wie im Beispiel - um die Haftung des Vertretenen für eine vom Vertreter *zugesicherte Eigenschaft* geht.

§ 166 I betrifft dagegen die **Zurechnung von Willensmängeln und von Wissen.** Auf diese Vorschrift kommt es z.B. an, wenn der Vertretene für das *arglistige Verschweigen eines Fehlers* von Seiten des Vertreters haften soll (vgl. H/W, BGB AT I, Rn. 199).

2. Die **analoge Anwendung des § 166 I** wird vor allem bei der **Frage der Bösgläubigkeit nach § 990 I und der positiven Kenntnis nach § 819 I** diskutiert:

- Beim Besitzerwerb durch einen Besitzdiener oder Besitzmittler i.S.d. § 990 I wendet die h.M. § 166 I analog an (a.A.: § 831 analog). Argument: Beim Erwerb von Nichtberechtigten ist § 166 I im Rahmen des § 932 direkt anwendbar. Das muss dann auch auf den Besitzerwerb durchschlagen.
- Die Anwendung des § 166 I im Rahmen des § 819 I ist grundsätzlich anerkannt. Zu differenzieren ist lediglich beim *Minderjährigen*: Die *Kenntnis des gesetzlichen Vertreters* ist sicher maßgebend bei der *Leistungskondiktion,* da der Minderjährige über das Bereicherungsrecht nicht faktisch an dem unwirksamen Vertrag festgehalten werden darf. Anders stellt sich die Situation bei der *Eingriffskondiktion* dar. Liegt parallel insbesondere eine unerlaubte Handlung vor, bietet sich die *analoge Anwendung des § 828* an (vgl. H/W, BereicherungsR, Rn. 509 ff.).
- Beim Überbau gem. § 912 BGB gilt nach BGH ebenfalls § 166 I BGB analog.

Denken Sie immer auch an § 166 II. Der Begriff der Weisung wird weit ausgelegt. Denn selbstverständlich soll der bösgläubige Hintermann nicht ein ahnungsloses Werkzeug vorschicken dürfen. Einer Weisung i.S.d. § 166 II steht es insbesondere gleich, wenn der „Vertretene" das Rechtsgeschäft eines falsus procurator genehmigt, denn auch in diesem Fall hängt der Vertrag ausschließlich von seinem Willen ab.

IX. Der Dritte im Schuldverhältnis
Zurechnung

Basics ZR
Karte 87

Bei juristischen Personen und generell bei Unternehmen mit arbeitsteiliger Organisationsform ist bzgl. der Wissenszurechnung mit der Regelung des § 166 nicht auszukommen. Aus Gründen des Verkehrsschutzes und um die juristischen Personen gegenüber der natürlichen nicht ungerechtfertigterweise zu privilegieren, muss eine Wissenszurechnung auch von Personen möglich sein, die am betreffenden Rechtsgeschäft nicht beteiligt waren. Ausgangspunkt war diesbzgl. die von der Rspr. entwickelte Organtheorie.

Was ist die Aussage der sog. „Organtheorie" und nach welchen Grundsätzen richtet sich die Wissenszurechnung bei Unternehmen mit arbeitsteiliger Organisationsform heute?

Juristisches Repetitorium
examenstypisch • anspruchsvoll • umfassend **hemmer**

1. Die sog. Organtheorie betrachtet **das Wissen eines Organs (Geschäftsführer, Vorstand) als Wissen der juristischen Person selbst.** Dies soll sogar dann gelten, wenn das *betreffende Organ bereits ausgeschieden oder verstorben ist*. Die juristische Person soll aus ihrer organisationsbedingten Wissensaufspaltung keine Vorteile im rechtsgeschäftlichen Verkehr ziehen. Dem gegenüber hat die Rspr. die Anwendung der Organtheorie bei *Personengesellschaften (GbR, OHG)* abgelehnt, da diese nicht in solchem Maße vom Bestand ihrer Mitglieder unabhängig sind wie juristische Personen.

2. Die neue Rspr. ist von der Organtheorie abgerückt und hat die Wissenszurechnung auf eine andere Grundlage gestellt.

- Maßgebend ist nicht mehr die Organstellung oder eine vergleichbare Position, sondern die aus dem **Verkehrsschutz erwachsende Pflicht zur ordnungsgemäßen Organisation der gesellschaftsinternen Kommunikation.**
- Von Bedeutung ist des Weiteren das **sog. Gleichstellungsargument,** welches besagt, dass der *Vertragspartner einer juristischen Person nicht schlechter, aber auch nicht besser stehen darf, als wenn er mit einer natürlichen Person kontrahiert hätte*. Die Wissenszurechnung darf daher auch nicht auf eine reine Fiktion hinauslaufen, die die juristische Person im rechtsgeschäftlichen Verkehr über Gebühr benachteiligt.

3. Voraussetzung für die Wissenszurechnung ist daher, dass es sich um **typischerweise aktenmäßig festgehaltenes Wissen** handelt. Das bedeutet konkret zweierlei:

- Bei Erlangung des Wissens muss überhaupt *Anlass bestanden* haben, dieses *zu speichern,* weil absehbar war, dass es später noch einmal relevant werden konnte.
- bei Abschluss des betreffenden Rechtsgeschäfts muss zudem *Anlass bestanden* haben, sich über das vorhandene Wissen *zu informieren (*vgl. H/W, GesellschaftsR, Rn. 335).

Die neue Rspr. stellt einen Kompromiss dar, indem sie das Gleichstellungsargument in den Vordergrund stellt und nicht mehr starr nach der Organisationsform (juristische Person oder Personengesellschaft) differenziert. In der Klausur müssen Sie bei der Frage der Zurechnung nun auf die beiden relevanten Zeitpunkte abstellen und entscheiden, inwieweit Anlass bestand, das Wissen zu speichern und abzurufen.

IX. Der Dritte im Schuldverhältnis
Zurechnung

Basics ZR
Karte 88

In der modernen, arbeitsteiligen Gesellschaft ist es heutzutage unerlässlich, sich bei der Erfüllung von Verbindlichkeiten Hilfspersonen zu bedienen. Wer auf diese Weise seine rechtsgeschäftlichen Handlungsmöglichkeiten erweitert, muss aber auch die damit verbundenen Gefahren und Risiken tragen. § 278 und § 831 betreffen beide das Einstehenmüssen des Schuldners für Schäden, die seine Hilfspersonen verursacht haben.

In welchen Punkten unterscheiden sich § 278 und § 831 voneinander?

- **§ 278 regelt die Haftung für Erfüllungsgehilfen. Erfüllungsgehilfe ist, wer mit Wissen und Wollen des Schuldners in dessen Pflichtenkreis tätig wird.**

  § 278 erfordert eine schon bestehende *Sonderverbindung,* § 831 dagegen nicht. § 278 stellt keine eigene Anspruchsgrundlage dar, sondern eine *Zurechnungsnorm.* Der Schuldner haftet hier für *fremdes Verschulden,* ohne die Möglichkeit eines Entlastungsbeweises. Er kann allenfalls die Haftung für vorsätzliches Handeln des Erfüllungsgehilfen ausschließen, § 278 S.2.

- **Verrichtungsgehilfe i.S.d. § 831 ist, wer von einem anderen, in dessen Einflussbereich er allgemein oder im konkreten Fall tätig ist und dessen Weisungen er unterliegt, zu einer Verrichtung bestellt wurde.**

  Entscheidend ist das *Weisungsrecht,* für welches es ausreicht, dass der Geschäftsherr die Tätigkeit des Gehilfen jederzeit beschränken, untersagen oder nach Zeit und Umfang bestimmen kann. § 831 ist als *selbständige Anspruchsgrundlage* konzipiert. Der Gehilfe muss den objektiven Tatbestand einer unerlaubten Handlung erfüllt und rechtswidrig gehandelt haben. Auf sein Verschulden kommt es nicht an, denn § 831 stellt eine Haftung des Geschäftsherrn für *eigenes* (Auswahl- und Überwachungs-) *Verschulden* dar. Allerdings besteht hier die *Möglichkeit der Exkulpation* durch Nachweis des fehlenden Verschuldens bzw. der fehlenden Kausalität, § 831 I S.2 BGB (vgl. zur Abgrenzung, H/W, DeliktsR I, Rn. 179 ff.).

---

§ 831 mit seiner Entlastungsmöglichkeit ist wieder eine der schon oft erwähnten Schwächen des Deliktsrechts, zumal die Rspr. bei Großbetrieben sogar einen dezentralisierten Entlastungsbeweis zulässt. Lernen Sie nicht zu pauschal: Dass § 278 im Deliktsrecht nicht anwendbar ist, ist nur die halbe Wahrheit. Besteht das gesetzliche Schuldverhältnis der §§ 823 ff. bereits, kommt § 278 im Rahmen der Schadensabwicklung sehr wohl zum Zug. § 278 ist nur dann nicht anwendbar, wenn es um die Entstehung des gesetzlichen Schuldverhältnisses der §§ 823 ff. geht. Hier haftet der Geschäftsherr lediglich über § 831

IX. Der Dritte im Schuldverhältnis

Vertrag mit Schutzwirkung zugunsten Dritter

Basics ZR — Karte 89

Beim Vertrag mit Schutzwirkung zugunsten Dritter wird der Dritte in die vertraglichen Sorgfalts- und Obhutpflichten der Vertragsparteien mit einbezogen. Er hat zwar keinen primären Leistungsanspruch, wohl aber eigene Schadensersatzansprüche, wenn der Schuldner seine Pflichten verletzt. Dabei stellt die Figur des Vertrags mit Schutzwirkung zugunsten Dritter selbst keine Anspruchsgrundlage dar. Hierfür sind vielmehr die konkreten Anspruchsgrundlagen des SchR AT bzw. SchR BT heranzuziehen, je nachdem, um was für eine Pflichtverletzung es sich handelt. Über die Grundsätze des Vertrags mit Schutzwirkung zugunsten Dritter stellen Sie lediglich die erforderliche schuldrechtliche Sonderverbindung her.

Welche Voraussetzungen hat der Vertrag mit Schutzwirkung zugunsten Dritter?

1. Leistungsnähe des Dritten

Der Dritte muss mit der aus dem betreffenden Rechtsverhältnis geschuldeten *Leistung bestimmungsgemäß in Berührung* kommen und folglich den *Gefahren einer Pflichtverletzung ebenso ausgesetzt* sein wie der Gläubiger selbst. Bsp.: Angehörige eines Mieters, was die Sicherheit der Mietwohnung anbelangt.

2. Personenrechtlicher Einschlag / Gläubigernähe

Die Rspr. verlangte zunächst, dass der Gläubiger dem einzubeziehenden Dritten Schutz und Fürsorge schuldete *(sog. Wohl-und-Wehe-Formel)*. Diese Anforderungen werden heute nicht mehr gestellt. Für den Drittschutz soll es genügen, dass die *Leistung nach dem Parteiwillen bestimmungsgemäß dem Dritten zugute kommen* soll. Diese Erweiterung hat Bedeutung vor allem für die *Gutachter- und Expertenhaftung,* bei der es regelmäßig um den Ersatz primärer *Vermögensschäden* geht.

3. Erkennbarkeit für den Schuldner

Da der Vertrag mit Schutzwirkung zu einer nicht unerheblichen Haftungserweiterung führen kann, ist weitere Voraussetzung, dass *Leistungsnähe und personenrechtlicher Einschlag für den Schuldner erkennbar* sind. Ansonsten wäre das Risiko für ihn nicht kalkulierbar und eine Haftung unbillig.

4. Schutzbedürftigkeit des Dritten

In jüngster Zeit hat die Rspr. als viertes Kriterium zunehmend die Schutzbedürftigkeit des Dritten betont. An ihr fehlt es, wenn dem Dritten wegen desselben Sachverhalts *eigene, inhaltsgleiche vertragliche Ansprüche* zustehen (vgl. H/W, Basics ZivilR, Rn. 517 ff.).

Beim Lesen des § 311 III könnte man (irrtümlich) glauben, dass diese Norm auch den Vertrag mit Schutzwirkung zugunsten Dritter erfasst. Dies ist aber nicht der Fall! Die Vorschrift spricht nämlich davon, dass ein Schuldverhältnis mit Pflichten nach § 241 II zu Dritten entstehen kann. Eine Kodifizierung des Rechtsinstitutes „Vertrag mit Schutzwirkung zugunsten Dritter" hat durch die Schuldrechtsreform nicht stattgefunden.

IX. Der Dritte im Schuldverhältnis

Drittschadensliquidation

Basics ZR
Karte 90

> Ein Schadensersatzanspruch setzt immer voraus, dass der Anspruchsberechtigte auch einen Schaden erlitten hat. Liquidiert wird grundsätzlich immer nur der eigene Schaden. Hiervon macht die Drittschadensliquidation unter engen Voraussetzungen eine Ausnahme.

Was sind die Voraussetzungen der Drittschadensliquidation und wie unterscheidet sie sich vom Vertrag mit Schutzwirkung zugunsten Dritter?

1. Die Drittschadensliquidation hat folgende **Voraussetzungen** (vgl. H/W, SchadensersatzR III, Rn. 227 ff.):

- Der Anspruchsberechtigte hat *keinen Schaden*.
- Der Geschädigte hat *keinen eigenen Anspruch*.
- Aus der Sicht des Schuldners liegt eine *zufällige Schadensverlagerung* vor.

2. Drittschadensliquidation und Vertrag mit Schutzwirkung zugunsten Dritter sind **konstruktiv zu unterscheiden:**

- Bei der *Drittschadensliquidation* liquidiert der Anspruchsinhaber den Schaden eines Dritten bzw. dieser hat nach § 285 analog einen Anspruch auf Abtretung des Ersatzanspruches und kann diesen dann selbst geltend machen.
- Beim *Vertrag mit Schutzwirkung* hat der in den Vertrag einbezogene Dritte von vornherein einen vertraglichen Anspruch.
- Man sagt daher: Bei der **Drittschadensliquidation wird der Schaden zum Anspruch gezogen**, beim **Vertrag mit Schutzwirkung der Anspruch zum Schaden.** Die *Drittschadensliquidation* stellt letztlich nur eine *Risikoverlagerung* dar, während der *Vertrag mit Schutzwirkung* zu einer *echten Risikokumulierung* führt, denn der Schuldner bleibt ja nach wie vor auch den Ansprüchen des Gläubigers ausgesetzt (vgl. H/W, SchadensersatzR III, Rn. 224 ff.).

Prüfen Sie, bevor Sie sich auf die Drittschadensliquidation stürzen, zumindest gedanklich die Vorteilsanrechung an. Kommen Sie zu dem Ergebnis, dass dem Geschädigten aus dem Schadensfall zwar ein Vorteil erwachsen ist, dieser aber nicht angerechnet werden kann, so scheidet eine Drittschadensliquidation von vornherein aus. Denn nach der normativ vorgenommenen Betrachtung fallen Anspruch und Schaden gar nicht auseinander. Der Anspruchsinhaber kann seinen eigenen Schaden vollständig liquidieren (zur Vorteilsanrechnung, vgl. H/W, SchadensersatzR III, Rn. 200 ff.).

IX. Der Dritte im Schuldverhältnis

Drittschadensliquidation

Basics ZR

Karte 91

> Bei der Drittschadensliquidation besteht ebenfalls die Gefahr, dass die Grenzen vertraglicher und deliktischer Haftung verwischen. Daher ist auch, wenn die allgemeinen Kriterien an sich erfüllt sind, Vorsicht geboten. Sie sollten zuerst immer prüfen, ob eine der von Rspr. und Lit. entwickelten Fallgruppen einschlägig ist.

Nennen Sie die wichtigsten Fallgruppen der Drittschadensliquidation!

1. Mittelbare Stellvertretung

Hierunter versteht man *Handeln im eigenen Namen, aber für fremde Rechnung.* Der mittelbare Stellvertreter kann in dieser Konstellation den Schaden des Geschäftsherrn liquidieren. Klassische Fälle sind der *Kommissionär (§ 383 HGB)* und der *Spediteur (§ 407 HGB)*.

2. Obhutfälle

Wer als *berechtigter Besitzer einer fremden Sache einen Vertrag schließt, der eine Obhutpflicht für diese Sache begründet, kann bei Verletzung dieser Pflicht den Schaden des Eigentümers* geltend machen. Dass mit dem Anspruch des Besitzers ein deliktischer Anspruch des Eigentümers konkurriert, ist unschädlich, da es insofern an der Gleichwertigkeit der Ansprüche fehlt.

3. Gefahrentlastung

Eine zufällige Schadensverlagerung kann sich insbesondere auch aus *gesetzlichen Gefahrtragungsregeln* ergeben. Klausurrelevant sind hier vor allem die §§ 446, 447, 644.

Bei §§ 446, 447 hat der Verkäufer als „Noch-Eigentümer" keinen Schaden, während der Käufer an sich sowohl nach Vertrags- als auch Deliktsrecht schutzlos gestellt wäre. Die §§ 446, 447 sind aber nicht anwendbar, wenn es sich um einen Verbrauchsgüterkauf handelt, § 474 I, II (dennoch kann es hier zum Problem der Drittschadensliquidation kommen, wenn der Schaden des Verbrauchers über die Gefahr der Preistragung hinausgeht, vgl. H/W, Die Schuldrechtsreform, Rn. 258 f.). Bei § 644 kann es in folgender Konstellation zur Drittschadensliquidation kommen: Der Besteller ist wegen §§ 946, 947 II bereits vor Abnahme Eigentümer des Werks geworden. Ebenfalls noch vor Abnahme wird dieses von einem Dritten zerstört. Wegen § 644 hat der Besteller als Eigentümer keinen Schaden, da er einen Anspruch auf Neuherstellung hat, während der Unternehmer als „Nicht-mehr-Eigentümer" an sich auf dem Schaden sitzen bliebe.

Um in diesen Fällen Ergebnisse zu vermeiden, die den Schädiger ungerechtfertigterweise privilegieren, können Verkäufer und Besteller ausnahmsweise den Drittschaden liquidieren.

4. Vereinbarung

Vertragliche Vereinbarung ausnahmsweise bei entsprechender Parteivereinbarung.

> **Prüfen Sie den Vertrag mit Schutzwirkung vor der Drittschadensliquidation. Der Vertrag mit Schutzwirkung führt dazu, dass der Geschädigte einen eigenen Anspruch hat. Die Drittschadensliquidation ist dann begrifflich ausgeschlossen (vgl. H/W, SchadensersatzR III, Rn. 227).**

IX. Der Dritte im Schuldverhältnis
Forderungsabtretung

Obwohl im Schuldrecht geregelt, handelt es sich bei der Forderungsabtretung (Zession) um eine Verfügung, da es sich um die Übertragung eines Rechts handelt. Die Rechtslage ändert sich unmittelbar: An die Stelle des alten Gläubigers (Zedent) tritt ein neuer (Zessionar). Die Mitwirkung des Schuldners ist dabei grundsätzlich nicht vorgesehen.

Nennen Sie die Voraussetzungen einer wirksamen Forderungsabtretung.

Die Voraussetzungen einer Abtretung sind:

1. Gültiger Abtretungsvertrag

Dieser ist *abstrakt* und bedarf zu seiner bereicherungsrechtlichen Beständigkeit einer causa (z.B. Kaufvertrag oder Sicherungsvertrag). Die Zession ist grundsätzlich *formfrei*, auch wenn eine formbedürftige Forderung (z.B. §§ 311b I, III, 518 I 1) abgetreten wird. Eine Ausnahme gilt allerdings für hypothekarisch gesicherte Forderungen: § 1154 (auf die durch eine Grundschuld gesicherte Forderung findet § 1154 keine Anwendung, wohl aber auf die Abtretung der Grundschuld selbst).

2. Abzutretende Forderung

Die Forderung muss bestehen, da das BGB mit Ausnahme der §§ 405, 2366 einen *gutgläubigen Forderungserwerb* nicht kennt (fehlende Publizität!). Möglich ist aber die Abtretung einer zukünftigen Forderung. Gelangt diese dann später doch nicht zur Entstehung, geht die Abtretung einfach ins Leere.

3. Bestimmtheit

Da es sich bei der Abtretung um eine Verfügung handelt, findet der sachenrechtliche *Bestimmtheitsgrundsatz* Anwendung. Es muss eindeutig sein, welche Forderung von der Abtretung umfasst ist. Bei zukünftigen Forderungen genügt nach h.M. Bestimmbarkeit.

4. Übertragbarkeit

Die Übertragung einer Forderung darf *nicht* kraft Leistungsinhalts (§ 399, 1.Alt.) oder kraft Vereinbarung (§ 399, 2.Alt.) *ausgeschlossen* sein. Auch der vereinbarte Abtretungsausschluss hat nämlich - entgegen § 137 S.1 - ausnahmsweise dingliche Wirkung. Anders wiederum in der Konstellation des § 354a HGB (vgl. H/W, BGB AT III, Rn. 578 ff.).

Werden alle Forderungen aus einer Geschäftsbeziehung abgetreten, spricht man von einer Globalzession. Das Problem liegt dann nicht so sehr im Bestimmtheitsgrundsatz, sondern bei der Frage der Übersicherung (Verstoß gegen § 138 oder § 307). Werden dagegen zur Vermeidung einer Übersicherung nicht alle Forderungen abgetreten, fangen die Probleme mit der Bestimmtheit an. Da aber eine genaue Kenntnis der Wirtschaftspraxis vom Studenten nicht erwartet werden kann, wird es sich in der Klausur i.d.R. nur um einen evidenten Verstoß gegen den einen oder anderen Grundsatz handeln, so dass Ihnen eine Entscheidung im Ergebnis nicht schwer fallen dürfte.

IX. Der Dritte im Schuldverhältnis

Forderungsabtretung

Basics ZR
Karte 93

Bei der Abtretung handelt es sich um einen Vertrag zwischen Alt- und Neugläubiger. Der Schuldner braucht hiervon nichts zu erfahren. Bei der sog. Sicherungsabtretung ist dies sogar die Regel, da der Gläubiger durch Offenlegung der Abtretung nicht seine Kreditwürdigkeit untergraben will.

Wie trägt das Gesetz den schutzwürdigen Interessen des an der Abtretung nicht beteiligten Schuldners Rechnung?

Grundgedanke des Schuldnerschutzes bei der Abtretung ist die Überlegung, dass sich die **Stellung des unbeteiligten Schuldners durch die Rechtsänderung nicht verschlechtern** darf. Dem trägt das Gesetz in mehrfacher Weise Rechnung:

- Nach § 404 bleiben dem Schuldner ***alle Einwendungen erhalten,*** die er auch gegenüber dem alten Gläubiger hätte geltend machen können. Hierunter fallen die Erfüllung, die bereits erklärte Aufrechnung, die Verjährung, die Stundung etc. Insofern zeigt sich auch hier, dass es einen gutgläubigen Forderungserwerb nicht gibt.

- Hat der Schuldner von der Abtretung *keine Kenntnis,* kann er nach wie vor mit befreiender Wirkung an den *Altgläubiger leisten* oder diesem gegenüber die *Aufrechnung erklären, § 407 I.*

- Unter den Voraussetzungen des *§ 406* ist schließlich eine *Aufrechnung auch gegenüber dem neuen Gläubiger* möglich: Dem Schuldner bleibt eine tatsächlich vorhandene oder von ihm gutgläubig angenommene Aufrechnungslage erhalten (vgl. H/W, BGB AT III, Rn. 587 ff. und Rückgriffsansprüche, Rn. 34 ff.).

Stellen Sie in der Klausur fest, dass die §§ 407, 408 einschlägig sind, müssen Sie immer auch an den Ausgleich zwischen Zessionar und Zedenten denken. Anspruchsgrundlage ist hier regelmäßig § 816 II. Häufig sind im Rahmen dieser Vorschrift auch mehrere nacheinander erfolgte Abtretungen auf ihre Wirksamkeit hin zu prüfen. Dabei gilt zunächst der Prioritätsgrundsatz: Eine zweite Abtretung derselben Forderung geht ins Leere. Anders natürlich, wenn die erste Abtretung gemäß § 138 I nichtig ist, weil ein Fall der Übersicherung oder Knebelung vorliegt. Dann wird die Forderung vom zweiten Zessionar erworben. In diesen Konstellationen sind die §§ 407, 408 jedenfalls innerhalb des § 816 II zu prüfen, nämlich bei der Frage, ob der Berechtigte die Leistung an den Nichtberechtigten gegen sich gelten lassen muss.

IX. Der Dritte im Schuldverhältnis

Schuldbeitritt, Schuldübernahme

Basics ZR
Karte 94

Anders als die Abtretung, die ohne Mitwirkung des Schuldners möglich ist, kann die Schuldübernahme nicht ohne Beteiligung des Gläubigers erfolgen, da der Wert einer Forderung mit dem Leistungsvermögen des Schuldners steht und fällt. Schutzwürdige Belange des Gläubigers werden dagegen beim gesetzlich nicht geregelten Schuldbeitritt nicht berührt.

Was versteht man unter Schuldbeitritt und Schuldübernahme und worin unterscheiden sich die beiden Institute?

- Die **befreiende (private) Schuldübernahme** ist in den *§§ 414 ff.* geregelt. Sie erfolgt entweder durch Vertrag zwischen Gläubiger und Übernehmer (§ 414) oder durch Vereinbarung von Schuldner und Übernehmer, die aber dann der Genehmigung des Gläubigers bedarf (§ 415). Der Gläubiger braucht sich einen neuen Schuldner also keinesfalls aufzwingen zu lassen (vgl. H/W, BGB AT I, Rn. 381).

- Diese Gefahr besteht beim **Schuldbeitritt** von vornherein nicht, denn der Beitretende tritt neben den primären Schuldner und haftet mit diesem als Gesamtschuldner. Die Stellung des Gläubigers wird also nicht beeinträchtigt, sondern im Gegenteil verbessert. Die Zulässigkeit des vom BGB nicht vorgesehenen Schuldbeitritts ergibt sich aus der *Vertragsfreiheit, §§ 311 I, 241*. Konstruktiv handelt es sich um einen echten Vertrag zugunsten Dritter i.S.d. § 328, wobei allerdings die Auslegungsregel des § 329 überwunden werden muss. Selbstverständlich kann der Schuldbeitritt auch direkt zwischen dem Gläubiger und dem Beitretenden geschlossen werden (vgl. H/W, BGB AT I, Rn. 382 und H/W, BGB AT III, Rn. 597 ff.).

- Entscheidender **Unterschied** zwischen Schuldübernahme und Schuldbeitritt ist damit, dass es bei Ersterer zu einem **Schuldnerwechsel**, bei Letzterer dagegen zu einer **Schuldnerkumulierung** kommt.

Im letztgenannten Fall können Abgrenzungsprobleme zwischen Schuldbeitritt und Bürgschaft auftauchen. Dogmatisch bestehen gewichtige Unterschiede: Der Bürge haftet akzessorisch für eine fremde Schuld, während der Beitretende eine eigene Verbindlichkeit begründet, die nur in der Entstehung akzessorisch ist und für die ansonsten § 425 II gilt.

Entscheidend ist daher, ob nach dem Parteiwillen eine eigenständige oder nur angelehnte Haftung begründet werden soll, wobei im Zweifelsfall von einer Bürgschaft als dem gesetzlich gewollten Regelfall auszugehen ist.

Die Abgrenzung, die früher vor allem auch unter dem Blickwinkel des § 766 relevant war (der Schuldbeitritt ist grundsätzlich formfrei), hat heute etwas an praktischer Bedeutung verloren, da die Rspr. auch den Schuldbeitritt den Verbraucherfinanzierungsgeschäften i.S.d. § 491 unterstellt, sofern die diesbezüglichen Voraussetzungen in der Person des Beitretenden (nicht notwendigerweise auch des primären Kreditnehmers) vorliegen. Nach § 492 I 1 ist dann auch der Schuldbeitritt formbedürftig.

X. Eigentümer-Besitzer-Verhältnis (EBV)

EBV: Regelungszweck

Basics ZR – Karte 95

> Die §§ 985 - 1003 betreffen das Verhältnis des Eigentümers zum unrechtmäßigen Besitzer, sog. Eigentümer-Besitzer-Verhältnis (EBV).
>
> Geregelt sind die drei Themenkomplexe: Ansprüche des Eigentümers auf Schadensersatz und Herausgabe der Nutzungen einerseits, Ansprüche des Besitzers auf Verwendungsersatz andererseits. Dabei differenziert das Gesetz danach, ob es sich um einen verklagten oder unverklagten, um einen redlichen oder unredlichen Besitzer handelt.

Welcher Hauptregelungszweck liegt den Vorschriften des EBV zugrunde?

Nach heute h.M. ist der **Grundgedanke der §§ 987 ff. die Haftungsprivilegierung des redlichen und unverklagten Besitzers.**

- Dies zeigt sich schon daran, dass **Ansprüche des Eigentümers auf Schadensersatz und Herausgabe der Nutzungen Rechthängigkeit bzw. Bösgläubigkeit** voraussetzen. (Ausnahmen: §§ 988, 991 II).

  Der redliche Besitzer muss dem Eigentümer zwar die Sache herausgeben, er darf aber die Nutzungen behalten und kann auch im Fall des Untergangs oder der Verschlechterung der Sache nicht belangt werden. Diese Privilegierung ist auch im Zusammenhang mit § 935 I zu sehen. Auch der Gutgläubige erwirbt bei abhanden gekommenen Sachen kein Eigentum, von den Haftungsfolgen stellen ihn die §§ 987 ff. aber frei. Mehr als die Sache selbst kann auch der gutgläubige Erwerber nicht verlieren. Die Privilegierung des redlichen Besitzers ergibt sich schließlich auch daraus, dass die *§§ 987 ff. nach allgemeiner Auffassung eine abschließende Sonderregelung darstellen, § 993 I a.E.*

- Insbesondere kommen die **Vorschriften des Deliktsrechts** grds. nur über die **Sperre des § 992** zur Anwendung: Nach den §§ 823 ff. haftet der Besitzer nur im Falle der Besitzerlangung durch verbotene Eigenmacht oder durch eine Straftat. Diese Anwendungssperre ist deshalb von Bedeutung, weil nach den *§§ 823 ff. Schadensersatz an sich schon bei einfacher Fahrlässigkeit* zu leisten wäre, während *§ 990 die Haftung erst bei grober Fahrlässigkeit* einsetzen lässt. Die uneingeschränkte Anwendbarkeit des Deliktsrechts würde daher das ausdifferenzierte System der §§ 987 ff. unterlaufen (vgl. H/W, SachenR I, Rn. 352 ff.).

> Diese Grundkonzeption des EBV müssen Sie verstanden haben. Vor allem, wenn es um die Konkurrenz zu anderen Vorschriften geht (und hier liegt in EBV-Klausuren häufig das eigentliche Problem), können und müssen Sie mit diesem Grundgedanken der Haftungsprivilegierung argumentieren (zu den Konkurrenzen i.R.d. EBV, vgl. H/W, SachenR I, Rn. 350 ff.).

X. Eigentümer-Besitzer-Verhältnis (EBV)
§ 985: Voraussetzungen

> Bei § 985 handelt es sich um den stärksten Anspruch des materiellen Rechts. Daher steht er regelmäßig am Anfang der Prüfung der Herausgabeansprüche. Auch bei Ansprüchen aus den §§ 987 ff. muss immer zunächst festgestellt werden, ob zwischen Anspruchsteller und Anspruchsgegner eine Vindikationslage besteht.

Welche drei Voraussetzungen sind beim Herausgabeanspruch aus § 985 immer zu prüfen?

Die Voraussetzungen des § 985 sind (vgl. H/W, SachenR I, Rn. 272 ff.):

1. Der Anspruchsteller ist (Mit-)Eigentümer.

An dieser Stelle ist regelmäßig die *dingliche Eigentumslage* zu prüfen; häufig werden im Sachverhalt mehrere Übereignungstatbestände geschildert. Zu beachten ist, dass § 985 nach h.M. auch dem *Anwartschaftsberechtigten* zusteht.

2. Der Anspruchsgegner ist unmittelbarer oder mittelbarer Besitzer.

3. Der Besitzer hat kein Recht zum Besitz nach § 986 (vgl. H/W, SachenR I, Rn. 291 ff.).

- Bei dem Besitzrecht kann es sich um ein *eigenes (§ 986 I 1, 1.Alt.) oder um ein abgeleitetes (§ 986 I 1, 2.Alt.)* handeln.

- Zu unterscheiden sind weiterhin *dingliche und schuldrechtliche Besitzrechte*.

  Ein *dingliches Besitzrecht* wirkt als *absolutes Recht* gegenüber jedermann, z.B. Pfandrecht nach § 1204 I. Streitig ist, ob auch das Anwartschaftsrecht des Vorbehaltskäufers ein absolutes Besitzrecht darstellt. Von der Literatur wird dies vielfach bejaht, die Rspr. gewährt dagegen nur die dolo-facit-Einrede (§ 242), wenn der Eigentümer kurz vor Zahlung der letzten Kaufpreisrate die Sache nach § 985 herausverlangt.

  Ein *schuldrechtliches Besitzrecht* ergibt sich aus schuldrechtlichen Beziehungen zum Eigentümer, z.B. Kauf-, Miet- oder Leihvertrag. Ein solches Recht wirkt selbstverständlich nur *relativ*. Allerdings ist an dieser Stelle auch *§ 986 II* zu beachten. Bei einer Veräußerung nach § 931 kann das Besitzrecht gegenüber dem alten Eigentümer auch dem neuen entgegengehalten werden. § 986 II gilt analog bei einer *Übereignung nach § 930*. In beiden Fällen geht es darum, den an der Übereignung nicht beteiligten Besitzer zu schützen.

- *Kein Besitzrecht* i.S.d. § 986 stellen dagegen die *Zurückbehaltungsrechte der §§ 273, 1000* dar. Diese lassen nämlich den Herausgabeanspruch unberührt und schränken nur seine Durchsetzbarkeit ein (Zug um Zug-Verurteilung).

Es ist keinesfalls zwingend, immer zuerst das Eigentum des Anspruchstellers und dann den Besitz des Anspruchsgegners zu prüfen. Im Gegenteil: Lange Ausführungen zur problematischen Eigentumslage sind überflüssig, wenn offensichtlich ist, dass der Anspruchsgegner weder unmittelbarer noch mittelbarer Besitzer ist. Mit Sicherheit lassen sich Ihre Erwägungen zur Eigentumslage innerhalb eines anderen Anspruchs prüfen!

X. Eigentümer-Besitzer-Verhältnis (EBV)
Geldwertvindikation

> Geht es um die Herausgabe von Geld, stellt sich in der Klausur häufig folgendes Problem. Zwar ist die Übereignung aus irgendwelchen Gründen unwirksam, aber der Empfänger hat Eigentum an dem Geld gemäß §§ 948 I, 947 I kraft Gesetzes erworben. Der Anspruch aus § 985 ist an sich zum Scheitern verurteilt.

Auf welchen Gedanken könnte man beim Herausgabeverlangen bezüglich Geld kommen?

Unstreitig ist, dass Geld nach § 985 herausverlangt werden kann, solange es *noch individualisierbar beim Empfänger vorhanden* ist, also noch nicht eingetauscht, auf ein Konto eingezahlt oder nach §§ 948 I, 947 II vermischt wurde.

- **Dagegen soll nach der Theorie von der Geld*wert*vindikation der Anspruch aus § 985 solange bestehen, als der (umgewandelte) Geldwert erkennbar in anderen Münzen oder Scheinen beim Empfänger noch vorhanden ist.** Argument ist hier, dass bei Geld dem einzelnen Schein keine eigenständige Bedeutung zukommt, sondern nur der in ihm *verkörperte Wert* von Interesse ist. („Geld ist eben Geld.")

- **Die ganz h.M. lehnt die Geldwertvindikation aber ab, da sie mit den sachenrechtlichen Grundprinzipien nicht vereinbar** ist. Ändert sich die rechtliche Erscheinungsform des Geldes, so kommen wie bei normalem Sacheigentum nur Ansprüche aus §§ 989, 990, 816, 951 in Betracht. Außerdem würde das *Geldeigentum* gegenüber dem Sacheigentum in der Insolvenz (Konsequenz wäre Aussonderungsrecht nach § 47 InsO) und in der Zwangsvollstreckung (Konsequenz wäre Drittwiderspruchsklage nach § 771 ZPO) in *nicht zu rechtfertigender Weise privilegiert.* Des Weiteren bestünde ein gravierender Unterschied zum Buchgeld, da hier von vornherein nur Kondiktionsansprüche (mit der Gefahr der Entreicherung) in Betracht kommen (vgl. H/W, SachenR I, Rn. 288 ff.).

Machen Sie sich klar, dass die Geldwertvindikation nur dann eine Rolle spielen kann, wenn die rechtsgeschäftliche Übereignung scheitert. Das kann insbesondere beim Minderjährigen der Fall sein, der sich für die Einübung des Abstraktionsprinzips hervorragend eignet. Wenn Sie die Geldwertvindikation mit der h.M. ablehnen, kommen Sie über § 951 ins Bereicherungsrecht. Hier geht der Fall regelmäßig weiter!

X. Eigentümer-Besitzer-Verhältnis (EBV)

§ 985: Anwendbarkeit allgemeinen Schuldrechts

Karte 98

Der Eigentümer einer gestohlenen Sache kann von jedem Besitzer die Sache nach § 985 herausverlangen. Ist dieser aber (und das ist die Regel) nicht ermittelbar, kann es für ihn interessant sein, sich an einen Veräußerer in der Kette zu halten. Kann der Eigentümer von diesem den Veräußerungserlös nach §§ 985, 285 I herausverlangen?

Aus welchen Gründen lehnt die h.M. die Anwendung des § 285 bei § 985 ab?

Die ganz h.M. lehnt die Anwendung des § 285 bei § 985 ab, und das aus mehreren Gründen.

- Der **Eigentümer** würde ansonsten **doppelt privilegiert:** er erhielte über §§ 985, 285 den Veräußerungserlös und wäre gleichwohl nicht gehindert, die Sache von dem unrechtmäßigen Besitzer nach § 985 herauszuverlangen. Umgekehrt wäre der **Veräußerer doppelt benachteiligt:** Er hätte nach §§ 985, 285 den Erlös herauszugeben und wäre eventuell zusätzlichen Ansprüchen seines Erwerbers aus § 311a II ausgesetzt.
- Zudem besteht für eine Anwendung des § 285 in dieser Konstellation **kein Bedürfnis.** Der Eigentümer soll sich entscheiden. Entweder er hält sich an den momentanen Besitzer oder aber er geht gegen den Veräußerer vor, indem er die Verfügung genehmigt und so die Rechtsfolgen des § 816 I 1 herbeiführt. Wählt er diesen Weg, so steht er genauso, wie er bei einem Anspruch aus §§ 985, 285 stünde.
- Schließlich ist die Anwendung von § 285 noch mit folgendem Argument abzulehnen. § 285 gewährt dem Gläubiger einen Anspruch auf das Surrogat, wenn die ursprüngliche Leistung unmöglich geworden ist. Typischer Fall: Der Käufer hat nach § 433 I 1 einen Anspruch auf Übereignung und verlangt nach Zerstörung der Sache die Versicherungssumme. Auch der Veräußerungserlös ist der klassische Fall eines Eigentumssurrogats.

  Mit § 985 verlangt der Anspruchsteller aber *gerade nicht das Eigentum heraus* (denn Eigentümer ist er ja), sondern den *Besitz*. Also könnte über §§ 985, 285 allenfalls die **Herausgabe eines Besitzsurrogats** in Betracht kommen, worunter der *Veräußerungserlös aber gerade nicht* fällt (vgl. H/W, SachenR I, Rn. 306 ff.).

- Außerdem sind die §§ 987 ff. BGB Spezialvorschriften. Insbesondere § 989 BGB regelt die Haftung bei Unmöglichkeit der Herausgabe und zwar abhängig vom Vorliegen bestimmter Kriterien (Rechtshängigkeit bzw. Bösgläubigkeit). Diese Voraussetzungen würden durch die rein objektive Betrachtung im Rahmen des § 285 BGB unterlaufen.

> In Erwägung zu ziehen ist die Anwendung von § 285 nur in den Fällen, in denen die Verfügung gegenüber dem Berechtigten nicht wirksam ist, denn ansonsten greift ja bereits § 816 I 1 direkt ein. Die ganze Diskussion ist dann überflüssig. Ist die Verfügung dem Eigentümer gegenüber dagegen unwirksam, lehnen Sie §§ 985, 285 ab und verweisen ihn auf die Möglichkeit der Genehmigung, so dass der Eigentümer über § 816 I 1 analog zum Ziel kommt.

X. Eigentümer-Besitzer-Verhältnis (EBV)

Voraussetzung für die Anwendbarkeit der §§ 987 ff.

Basics ZR — Karte 99

> Die §§ 987 ff. setzen voraus, dass zum Zeitpunkt des anspruchsbegründenden Ereignisses eine Vindikationslage bestand. Maßgebend ist also primär nicht der Zeitpunkt, zu dem der Herausgabeanspruch geltend gemacht wird, sondern der Zeitpunkt der Verletzungshandlung bzw. der Vornahme der Verwendungen. Dieser Grundsatz wird aber nicht immer durchgehalten.

Erläutern Sie die Figur des „nicht-so-berechtigten Besitzers" und des „nicht-mehr-berechtigten Besitzers".

1. Nicht-so-berechtigter-Besitzer (vgl. H/W, SachenR I, Rn. 324)

Hierbei handelt es sich um eine Konstruktion der Literatur. Gemeint sind die Fälle, in denen der **grundsätzlich berechtigte Besitzer die Grenzen seines Besitzrechts überschreitet,** Bsp.: unberechtigte Untervermietung, Beschädigung der Mietsache (*Exzess des berechtigten Fremdbesitzers*). Teilweise wird hier eine Haftung nach den §§ 987 ff. befürwortet. *Die h.M. lehnt dies ab, da der Eigentümer durch vertragliche und deliktische Schadensersatzansprüche bereits hinreichend geschützt ist.*

2. Nicht-mehr-berechtigter-Besitzer (vgl. H/W, SachenR I, Rn. 325 ff.)

Das sind die Fälle, in denen **zunächst ein Besitzrecht besteht, dieses aber später wegfällt.** Es stellt sich die Frage, ob die §§ 987 ff. auch für die Zeit des bestehenden Besitzrechts Anwendung finden sollen.

- Was *Schadensersatzansprüche* betrifft, wird man dies verneinen müssen. Der Besitzer haftet dem Eigentümer ohnehin aus Vertrag und Delikt.
- Anders stellt sich die Situation bei *Verwendungen* dar. Vor allem im *Drei-Personen-Verhältnis* kann die Anwendung der §§ 994 ff. geboten sein, um den verwendenden Besitzer nicht schutzlos zu stellen.

Wichtig ist dies bei Ansprüchen des Werkunternehmers, der ein vom Besteller unter Eigentumsvorbehalt gekauftes Kfz repariert hat. Solange der Besteller seine Raten zahlt und der Vorbehaltsverkäufer nicht vom Kaufvertrag zurücktritt, besteht nach § 986 I, 2.Alt. ein abgeleitetes Besitzrecht des Werkunternehmers gegenüber dem Eigentümer. Dieses entfällt aber mit Rücktritt des Vorbehaltsverkäufers.

Auf ein Werkunternehmerpfandrecht (grds. Besitzrecht i.S.d. § 986 I) kann sich der Unternehmer nicht berufen. Das Kfz gehörte nicht dem Besteller und der gutgläubige Erwerb eines gesetzlichen Pfandrechts ist nach h.M. ausgeschlossen. Auch ein Zurückbehaltungsrecht nach § 1000 steht dem Werkunternehmer an sich nicht zu, denn zum Zeitpunkt der Verwendungen bestand gar kein EBV. An dieser Stelle aber hilft die Rspr. mit der Figur des „nicht-mehr-berechtigten-Besitzers": **Der ursprüngliche berechtigte Besitzer soll nicht schlechter stehen als der von Anfang an unberechtigte.** Nach BGH reicht es demnach aus, wenn das EBV im Zeitpunkt des Herausgabeverlangens besteht.

Hüten Sie sich vor zu pauschalem Lernen! Es ist keinesfalls so, dass der berechtigte Besitzer nie schlechter stehen dürfte als der unberechtigte. Häufig steht er weder besser noch schlechter, sondern einfach anders. Lediglich der ursprünglich berechtigte Besitzer soll nicht schlechter stehen als der von Anfang an unberechtigte. Das ist ein Unterschied!

X. Eigentümer-Besitzer-Verhältnis (EBV)
Bösgläubigkeit: Zurechnung

Basics ZR
Karte 100

> Bei der Frage der Bösgläubigkeit differenziert § 990 I zwischen zwei Zeitpunkten: Beim Besitzerwerb schadet dem Besitzer Vorsatz und grobe Fahrlässigkeit, zu einem späteren Zeitpunkt ist nur noch positive Kenntnis bzgl. der Nichtberechtigung schädlich.
>
> Daher stellt sich die Frage, ob unter Besitzerlangung i.S.d. § 990 I 1 auch die Umwandlung von rechtmäßigem Fremdbesitz in unrechtmäßigen Eigenbesitz zu verstehen ist.

Was spricht dafür, was dagegen, im Aufschwingen vom Fremd- zum Eigenbesitz einen Besitzerwerb i.S.d. § 990 I 1 zu sehen?

- **Nach e.A. stellt die Umwandlung von rechtmäßigem Fremd- in unrechtmäßigen Eigenbesitz einen Besitzerwerb i.S.d. § 990 I 1 dar.**

  Derjenige, der ein vom Eigentümer entliehenes Buch veräußert, wäre demnach nach §§ 989, 990 zum Schadensersatz verpflichtet.

  Begründung ist vor allem die *Wesensverschiedenheit von Fremd- und Eigenbesitz*, wofür die §§ 937, 955 als Beleg angeführt werden.

  Für die strengeren Anforderungen an die Gutgläubigkeit soll auch folgende Überlegung sprechen: Wessen Besitz unverändert fortbesteht, braucht sich über dessen Berechtigung keine Gedanken zu machen. Wer seinem Besitz dagegen einen neuen Grund gibt, dem sind solche Gedanken ebenso zumutbar wie dem Besitzerwerber.

- **Die wohl h.M. lässt das Aufschwingen von Fremd- zum Eigenbesitzer dagegen nicht unter § 990 I 1 fallen.**

  Dieser soll nur für die *erstmalige tatsächliche Besitzerlangung* gelten. Derjenige, der eine entliehene Sache veräußert, verletzt zwar seine Pflichten aus dem Besitzmittlungsverhältnis, beseitigt aber doch nicht dessen Rechtsgrund.

  Zudem besteht für die Anwendung der EBV-Vorschriften auch *kein Bedürfnis,* da regelmäßig Ansprüche des Eigentümers aus Vertrag, Delikt und angemaßter Eigengeschäftsführung (§ 687 II) gegeben sind (vgl. H/W, SachenR I, Rn. 330 ff.).

Die Entscheidung des BGH zu diesem Problem betraf einen Sonderfall. Hier ergab sich das ursprüngliche Besitzrecht aus berechtigter GoA. In der Tat ist dies die einzige Konstellation, in der die Änderung des Besitzwillens auch den Wegfall des Besitzrechts bewirkt. Da Ansprüche aus Delikt verjährt waren und positive Kenntnis i.S.d. § 687 II nicht vorlag, wählte der BGH die Konstruktion des Aufschwingens vom Fremd- zum Eigenbesitzer und konnte so Bösgläubigkeit schon bei grober Fahrlässigkeit bejahen. Mit einem Anspruch aus §§ 280 I, 241 II (früher: pVV der berechtigten GoA) hätte sich der Fall wohl auch lösen lassen.

X. Eigentümer-Besitzer-Verhältnis (EBV)
Bösgläubigkeit bei Minderjährigen

Karte 101

> Im Rahmen des § 990 I stellt sich die Frage, ob und ggfs. nach welcher Vorschrift sich der Besitzer die Bösgläubigkeit von eingeschalteten Hilfspersonen zurechnen lassen muss. Zur Diskussion stehen hier § 166 I und § 831 - beide in analoger Anwendung.
>
> Ein ähnliches Problem stellt sich beim Besitzerwerb durch einen Minderjährigen: § 166 I oder § 828 analog?

Was gilt hinsichtlich der Bösgläubigkeit i.S.d. § 990 I, wenn der Besitzerwerb durch einen Besitzdiener oder einen Minderjährigen erfolgt?

1. Besitzerwerb durch Besitzdiener

- Unstreitig ist, dass dem **Besitzherrn jedenfalls die eigene Bösgläubigkeit schadet**, denn nur er ist gemäß § 855 Besitzer.
- **Nach e.A. soll die Zurechnung der Bösgläubigkeit eines Besitzdieners nach § 831 analog** erfolgen. Argument hierfür ist die Deliktsähnlichkeit des EBV. Es sei nicht einzusehen, dass der Besitzherr in den „leichteren" Fällen des § 990 I strenger (nämlich ohne Exkulpationsmöglichkeit) hafte, als in den „schweren" Fällen des § 992, bei denen § 831 sicher anwendbar ist.
- **Die h.M. wendet dagegen § 166 I analog an** (analog deshalb, weil der Besitzerwerb einen tatsächlichen Vorgang darstellt, bei dem Stellvertretung nicht möglich ist), der BGH jedenfalls dann, wenn dem Besitzdiener in *vertreterähnlicher Weise* ziemlich *freie Hand* gelassen wird. Hierfür spricht zum ersten, dass es sich bei § 831 schon vom Tatbestand her um *keine Zurechnungsnorm* handelt. Zum zweiten sind auch *Widersprüche* zu der *Frage der Bösgläubigkeit beim Eigentumserwerb* zu vermeiden. Was die Gutgläubigkeit bei § 932 betrifft, ist bei Einschaltung Dritter § 166 direkt anwendbar. Es wäre ungereimt, wenn Eigentumserwerb und Besitzerwerb (wie so häufig) zusammenfallen, hinsichtlich der Bösgläubigkeit i.S.d. § 990 eine andere Zurechnungsnorm heranzuziehen als bei § 932.

2. Besitzerwerb durch Minderjährigen

- Die **h.M.** stellt aufgrund der **Deliktsähnlichkeit des EBV auf § 828** und somit auf die Einsichtsfähigkeit des Minderjährigen ab, während eine **Mindermeinung nach § 166 analog** generell die Kenntnis des gesetzlichen Vertreters maßgebend sein lässt.
- Allerdings kann auch nach h.M. *§ 166 beim Nutzungsersatz* nach §§ 990, 987 in Betracht kommen, sofern ansonsten die Gefahr besteht, dass der Minderjährige faktisch an dem unwirksamen Vertrag festgehalten wird.

Unproblematisch ist die Zurechnung dagegen, wenn das EBV einmal besteht. Da es sich hierbei um eine gesetzliche Sonderverbindung handelt, haftet der Besitzherr für ein Verschulden seines Besitzdieners bei der Zerstörung oder Verschlechterung der Sache nach § 278. Eine Exkulpation des Besitzherrn scheidet hier von vornherein aus.

X. Eigentümer-Besitzer-Verhältnis (EBV)

Basics ZR
Karte 102

EBV: Konkurrenz zu den §§ 823 ff.

Um das ausdifferenzierte Haftungssystem des EBV nicht auszuhöhlen, geht die h.M davon aus, dass es sich grundsätzlich um eine abschließende Sonderverbindung handelt. Das Deliktsrecht kann daher nur in Ausnahmefällen zur Anwendung kommen.

In welchen Fällen kommt eine Haftung nach den §§ 823 ff. trotz Vorliegens eines EBV zur Zeit der Verletzungshandlung in Betracht?

Eine Haftung des Besitzers nach Deliktsrecht kommt in folgenden **drei Fällen** in Betracht:

1. § 992

Die Vorschrift ordnet die Haftung nach den §§ 823 ff. ausdrücklich an. Der Besitzer muss sich die Sache durch eine *Straftat* oder durch *verbotene Eigenmacht* (§ 858 II) verschafft haben. Des Weiteren muss die verbotene Eigenmacht nach h.M. *schuldhaft* erfolgt sein.

Bedeutung hat die Anwendbarkeit des Deliktsrechts vor allem auch im Hinblick auf *§ 848,* wonach der Besitzer auch für den *zufälligen Untergang der Sache haftet.*

2. § 826

§ 826 ist unstreitig neben dem EBV anwendbar, da der Besitzer hier nicht schutzwürdig ist.

3. Fremdbesitzerexzess

- Gemeint ist an dieser Stelle der Exzess des *nicht berechtigten* Fremdbesitzers, also der Besitzer, der sein vermeintliches Besitzrecht überschreitet. Zur Erinnerung: Der *Exzess des berechtigten Fremdbesitzers* (des nicht-so-berechtigten-Besitzers) begründet nach h.M. *keine Haftung nach den §§ 987 ff.,* so dass ein Konkurrenzproblem zum Recht der unerlaubten Handlung ohnehin nicht besteht.

- Beim Exzess des nichtberechtigten Fremdbesitzers (z.B. unwirksamer Mietvertrag) besteht aber unstreitig ein EBV, so dass der Fremdbesitzer bei fehlender Bösgläubigkeit an sich nicht haften würde. Hier greift aber die Überlegung, dass der *nur vermeintlich berechtigte Fremdbesitzer nicht besser stehen darf, als wenn das Besitzrecht tatsächlich wirksam wäre.* Bei Wirksamkeit des Besitzmittlungsverhältnisses würde der Besitzer dem Eigentümer aber *unstreitig nach Vertrags- und Deliktsrecht haften.*

- Von einer solchen Haftung geht der Besitzer, der die Unwirksamkeit des Besitzmittlungsverhältnisses in fahrlässiger Weise nicht kennt, auch aus. *Der Fremdbesitzer, der die Grenzen seines vermeintlichen Besitzrechts überschreitet, haftet daher nach den §§ 823 ff.* (vgl. H/W, SachenR I, Rn. 354 ff.).

Dass der Fremdbesitzerexzess in den §§ 987 ff. nicht geregelt ist, stimmt nur für das Zwei-Personen-Verhältnis. Für das Drei-Personen-Verhältnis enthält § 991 II eine direkte Regelung. Der Hinweis auf diese Vorschrift ersetzt aber gleichwohl nicht die vorausgegangenen Überlegungen, da der Korrektor auch Problembewusstsein sehen will. Mit § 991 II können Sie Ihre Ausführungen aber abrunden.

X. Eigentümer-Besitzer-Verhältnis (EBV)

Unentgeltlicher Besitzer § 988

Basics ZR
Karte 103

> Der unentgeltliche Besitzer, der den Besitz ohne Gegenleistung erlangt hat, verdient geringeren Schutz als derjenige, der ein Vermögensopfer erbracht hat. Dem trägt § 988 Rechnung. Danach ist der unentgeltliche, redliche Besitzer zur Herausgabe aller Nutzungen nach den Vorschriften über die ungerechtfertigte Bereicherung verpflichtet. Dem unentgeltlichen Besitzer hat die Rspr. den rechtsgrundlosen gleich gestellt.

Warum wendet die Rspr. beim rechtsgrundlosen Erwerb § 988 analog an und welchen Lösungsansatz vertritt in diesen Fällen die Literatur?

- **Die Rspr. wendet § 988 beim rechtsgrundlosen Erwerb analog an,** um einerseits an dem **Dogma der abschließenden Regelung des EBV** festzuhalten und andererseits einen **Wertungswiderspruch zwischen EBV und Bereicherungsrecht zu vermeiden.** Sind bei der Veräußerung eines Grundstückes sowohl Kaufvertrag als auch Übereignung nichtig, besteht zwischen Verkäufer und Käufer ein EBV. Der Besitzer ist zur Herausgabe der Nutzungen an sich nicht verpflichtet. Ist dagegen nur der Kaufvertrag unwirksam, hat die Rückabwicklung nach Bereicherungsrecht zu erfolgen. Der Käufer schuldet nach § 818 I Nutzungsersatz. Dieses Ergebnis ist nicht stimmig, da der *Verkäufer, der Eigentümer bleibt, schlechter steht, als wenn er das Eigentum zunächst verloren hätte* und dieses nun kondizieren müsste.

  Mit der Erwägung, dass letztlich auch der rechtsgrundlose Besitzer kein Vermögensopfer zu erbringen habe, bejaht die Rspr. daher einen Anspruch auf Herausgabe der Nutzungen nach § 988 analog.

- **Die Literatur lässt dem gegenüber die Leistungskondiktion neben dem EBV zu** und macht somit eine *Ausnahme* von dem *Grundsatz der abschließenden Sonderregelung des EBV.* Argument ist hier, dass die *Leistungskondiktion gerade für die Rückabwicklung gescheiterter Verträge vorgesehen* ist und insofern nicht generell durch das EBV ausgeschlossen sein kann.

- Im *Zwei-Personen-Verhältnis* hat der Streit zwischen Rspr. und Literatur regelmäßig *keine Bedeutung,* da nach beiden Ansichten die Nutzungen nach Bereicherungsrecht herauszugeben sind.

  Anders aber im **Drei-Personen-Verhältnis:** Hier führt die Auffassung der Rspr. zu einem *Durchgriff,* durch welchen dem Besitzer *Einwendungen,* die er gegenüber seinem Vertragspartner geltend machen könnte, *abgeschnitten werden*. Dies ist auch der Hauptgrund, warum die Literatur die analoge Anwendung des § 988 ablehnt (vgl. H/W, SachenR I, Rn. 378 ff.).

Im Rahmen des § 816 I 2 stellt sich dasselbe Problem. Sie können die Analogie hier mit demselben Argument wie oben - Unzulässigkeit eines Durchgriffs - ablehnen (sog. Lehre von der Doppelkondiktion). Von einer gefestigten Rspr. des BGH kann man im Fall des § 816 I 2 (anders als bei § 988) aber wohl nicht sprechen, da der BGH die Durchgriffskondiktion nur in einem nicht zu verallgemeinernden Einzelfall bejaht hat (zu § 816 I 2, vgl. H/W, BereicherungsR, Rn. 393 f.).

X. Eigentümer-Besitzer-Verhältnis (EBV)

EBV: Arten von Verwendungen

Basics ZR
Karte 104

> Die §§ 994 ff. lösen den Konflikt zwischen dem Interesse des Besitzers, Ersatz für die von ihm gemachten Verwendungen zu erhalten, und dem Interesse des Eigentümers, keine für ihn sinnlosen Zahlungen leisten zu müssen.
>
> Bei der Ersatzfähigkeit ist zum einen nach der Art der Verwendung, zum anderen nach der Schutzwürdigkeit des Besitzers zu differenzieren.

Welche Arten von Verwendungen lassen sich unterscheiden und unter welchen Voraussetzungen sind diese vom Eigentümer zu ersetzen?

Juristisches Repetitorium
examenstypisch • anspruchsvoll • umfassend **hemmer**

Verwendungen sind *willentliche Vermögensaufwendungen, die der Sache zugute kommen sollen, indem sie sie wiederherstellen, erhalten oder verbessern (weiter Verwendungsbegriff), ohne sie jedoch grundlegend zu verändern (enger Verwendungsbegriff).* Zu unterscheiden sind folgende **drei Arten von Verwendungen:**

1. Notwendige Verwendungen, § 994

Verwendungen sind *notwendig, wenn sie zur Erhaltung oder ordnungsgemäßen Bewirtschaftung der Sache objektiv erforderlich sind,* die also der Besitzer dem Eigentümer, der sie sonst hätte machen müssen, erspart hat, und die nicht nur Sonderzwecken des Besitzers dienen. Für den *redlichen und unverklagten Besitzer* ergibt sich der Ersatzanspruch aus *§ 994 I.* Der *unredliche Besitzer* erhält Verwendungsersatz über *§ 994 II* nur nach den *Vorschriften der GoA*, d.h. nach §§ 683, 670 nur dann, wenn die Verwendungen dem objektiven Interesse und wirklichen oder mutmaßlichem Willen des Eigentümers entsprechen, andernfalls über § 684 S.1 nach Bereicherungsrecht.

2. Nützliche Verwendungen, § 996

Hierunter versteht man solche, die zwar nicht notwendig sind, aber den *Wert der Sache erhöhen* oder ihre Gebrauchsfähigkeit steigern. Verwendungsersatz erhält nach § 996 *nur der redliche und unverklagte Besitzer.*

3. Luxusverwendungen

Das sind solche, die den Wert der Sache objektiv nicht erhöhen oder für den Eigentümer nicht von Nutzen sind. Selbst für den *redlichen Besitzer* besteht hier nur ein *Wegnahmerecht nach § 997.*

Merken Sie sich, dass nach dem insbesondere vom BGH vertretenen engen Verwendungsbegriff nur dann Verwendungen vorliegen, wenn die Sache nicht grundlegend verändert wird. Problematisch sind in dieser Hinsicht vor allem die Fälle des Hausbaus auf fremdem Grundstück. Hier stellt sich nämlich auch die Frage, ob Ersatz über §§ 951, 812 in Betracht kommt. Der BGH lehnt das ab (zu dem Verhältnis §§ 951, 812 zu § 994, vgl. ausführlich H/W, BereicherungsR, Rn. 45 ff.).

X. Eigentümer-Besitzer-Verhältnis (EBV)

Verwendungsersatz: Konkurrenz EBV/ 812 ff.

Basics ZR
Karte 105

> Zu einem Konkurrenzproblem zwischen EBV und Bereicherungsrecht kann es auch beim Verwendungsersatz kommen. Hier stellt sich insbesondere die Frage, ob § 951 neben dem EBV zur Anwendung kommt. Auch hier sind Rspr. und Literatur unterschiedlicher Auffassung.

Ist neben den §§ 994 ff. Raum für eine Verwendungskondiktion nach § 951?

Juristisches Repetitorium
examenstypisch • anspruchsvoll • umfassend **hemmer**

Die Rspr. und Teile der Literatur gehen davon aus, dass es sich bei den §§ 994 ff. um eine abschließende Sonderregelung handelt, so dass eine Verwendungskondiktion über § 951 ausscheidet.

- Dies soll nach der *Rspr. sogar dann gelten,* wenn nach dem *engen Verwendungsbegriff noch nicht einmal eine Verwendung vorliegt,* weil die Sache *grundlegend verändert* wurde, z.B. Bau eines Hauses auf fremdem Grundstück. Dem Besitzer verbleibt dann allenfalls die Möglichkeit der Wegnahme gem. § 997.
- Diese Auffassung hat vor allem den *Schutz des Eigentümers* vor Augen, der, um seine Sache wieder zu erhalten, nicht mit immensen Ersatzansprüchen belastet werden soll. Im Einzelfall gewährt die Rspr. allerdings einen Ausgleichsanspruch aus Treu und Glauben, § 242.

2. In der Literatur wird die Verwendungskondiktion dagegen zum Teil auch neben den §§ 994 ff. zugelassen.

- Unbillig sei insbesondere der teilweise gänzliche *Anspruchsausschluss aufgrund des engen Verwendungsbegriffs.* Die §§ 994 ff. können nicht abschließend sein, wenn die Aufwendungen des Besitzers aufgrund des engen Verwendungsbegriffs gar nicht unter ihren Anwendungsbereich fallen.
- Medicus begründet dagegen wie folgt: Die §§ 994 ff. bestimmen lediglich, was der Eigentümer leisten muss, um die Sache wieder zu erlangen. Dagegen regelt das Bereicherungsrecht, was dieser zahlen muss, wenn er den *Verwendungserfolg* für sich haben will.
- Der Gefahr, dass der Eigentümer immensen Zahlungsansprüchen ausgesetzt ist, kann zudem auch im Bereicherungsrecht begegnet werden. Nach den *Grundsätzen über die aufgedrängte Bereicherung* kann man einmal den Wertersatz nach § 818 II ausnahmsweise subjektiv bestimmen oder aber dem Eigentümer gestatten, etwaige Beseitigungsansprüche als Einreden geltend zu machen. Schließlich bleibt noch die Möglichkeit, den Besitzer auf sein Wegnahmerecht zu verweisen (BereicherungsR, Rn. 45 ff.).

Im Ergebnis kann hier keine Ansicht als falsch bezeichnet werden. Sofern das Problem ordentlich dargestellt und die eigene Auffassung plausibel begründet wird, befinden Sie sich auf der „sicheren Seite". Folgen Sie der Literatur, die die Verwendungskondiktion zulässt, kommen Sie zudem zum Problem der aufgedrängten Bereicherung. Die Klausur geht dann weiter!

Stichwortverzeichnis

A

Abwicklungsverhältnis	42
Anfechtung	2, 45, 54
Anfechtungserklärung	15
Annahmeverzug	29
anspruchserhaltend	39
Äquivalenzstörung	54
Aufwendungsersatz	31
ausdrückliche Einwilligung	7
Ausführungsverschulden	42
Ausschließlichkeitsverhältnis	26
Außenvollmacht	13

B

Befreiung des Schuldners	29
Begleitschäden	43
Beschaffung der Sache	29
Billigkeitslehre	54

D

Dauerschuldverhältnisse	43
Deliktsrecht	44
Direktkauf - Bargeschäft	11
Doppelirrtum	54
Drittschadensliquidation	30

E

Eigentümer-Besitzer-Verhältnis	4
Eingeschränkte Vernehmungstheorie	4
Einleitende Standardformulierung	44

Stichwortverzeichnis

Einrede	49
Einrede des Schuldners	33
einseitiger oder mehrseitiger Vertrag	8
Einverständniserklärung	17
empfangsbedürftig	3
Erfüllungsgeschäft	8
Erfüllungsverweigerung	33
Erklärungsbewusstsein	1, 2
Erscheinungsformen	46
Evidenter Missbrauch	16

F

Fahrlässigkeit	3, 34
Fixgeschäft, relatives, absolutes	27

G

Gattungsschulden	38
Gefahrtragungsregel	39
Gefälligkeitsverhältnis	41
Gegenleistung	30, 39
Gegenleistungsgefahr	30
gerechte Risikoverteilung	4
Geschäftsfähigkeit, beschränkte	7
Geschäftsgrundlage	53
Geschäftsunfähigkeit	6
Geschäftswille	1

H

Haftungslücken	44
Haftungsmaßstab	34, 39

Stichwortverzeichnis

Basics ZR

D III

Handlungswille 1	Leistungserschwerung 54
Hauptleistungspflicht 35	Leistungsgefahr 38, 39

I

Innenvollmacht 13, 15

Leistungspflicht 30

Leistungsstörungen 40

Leistungszeit 27

K

Kausalität, haftungserfüllende 43

Kein Konkurrenzverhältnis 45

keine Haftungsbegrenzung 47

Kollusion 16

Konkretisierung 38

Konkurrenz Unmöglichkeit/Verzug 26

M

Mangelfreiheit 52

Mängelrecht 48, 50

Mündliche WE 4

N

Nacherfüllung 50

negatives Interesse 2

Nichterfüllung 28, 43

L

Leistungserfolg 33

Juristisches Repetitorium
examenstypisch • anspruchsvoll • umfassend **hemmer**

Stichwortverzeichnis

Basics ZR

D IV

normatives Element 53

O

Objektive Unmöglichkeit 24

P

Prüfungsreihenfolge 40

R

Reales, hypothetisches und 53

rechtlicher Vorteil 7

Rechtsfolgen 6

Rechtsfolgennachweis 30

Rechtsgeschäft 12

Rechtsverkehr 6

Regel-Ausnahme-Verhältnis 49

Risikosphären 53

S

Sachmangel 52

Schadensersatzanspruch 28, 47

Schenkung 8

schuldhafte Nichtleistung 33

Schuldverhältnis 29, 45

Sonderregelungen der Geschäftsgrundlage 53

Stellvertretungsrecht 12

Subjektive Unmöglichkeit 24

T

Tatbestandsmerkmal 36

teleologische Reduktion 11

Juristisches Repetitorium
examenstypisch • anspruchsvoll • umfassend **hemmer**

Stichwortverzeichnis

Ü

Übernahmeverschulden	42
Unmöglichkeit, anfängliche	28
Unmöglichkeit, physische, juristische, faktische und wirtschaftliche	25
Unmöglichkeit, nachträgliche objektive	24
Unmöglichkeit, nachträgliche subjektive	24

V

Verjährung	49
Verschuldensvorwurf	32
Vertragliche Bindung	53
Vertragsaufhebung	47
Vertragsbestandteil	17
Vertragstreue	36
Vertragsverhandlungen	44, 46
Vertrauensschaden	47
Vertreter	9
Vertreter, gesetzlicher	6
Vertretungsrecht	45
Verzug	36
verzugshindernd	33
Verzugsschaden	43
Verzugszinsen	26

W

Willenserklärung	9
Willentliche Entäußerung	3

Stichwortverzeichnis

Wirksame Vollmachten 14
Wirksamwerden einer WE 3

Z

Zugangsvereitelung, fahrlässige oder
  arglistige 5
Zurückbehaltungsrecht 33
Zweckerreichung u. -fortfall 25
Zweckstörung 54

Basics ZR

D VI

Juristisches Repetitorium
examenstypisch • anspruchsvoll • umfassend **hemmer**